Shraddha N. Zanjat
Vishwajit K. Barbudhe
Bhavana S. Karmore

Introdução à Robótica

Shraddha N. Zanjat
Vishwajit K. Barbudhe
Bhavana S. Karmore

Introdução à Robótica

ScienciaScripts

Imprint

Cover image: www.ingimage.com

This book is a translation from the original published under ISBN 978-620-6-84403-7.

Publisher:
Sciencia Scripts
is a trademark of
Dodo Books Indian Ocean Ltd. and OmniScriptum S.R.L publishing group

120 High Road, East Finchley, London, N2 9ED, United Kingdom
Str. Armeneasca 28/1, office 1, Chisinau MD-2012, Republic of Moldova, Europe
Printed at: see last page
ISBN: 978-620-7-90639-0

Conteúdo

Referências

1. Introdução à Robótica: Análise, Controlo, Aplicações (2ª Edição);2011; por Saeed Niku; Publisher: Wiley.

2. Introdução à Robótica: Mecânica e Controlo (4ª Edição); 2017; por John Craig;Editor: Pearson.

3. Robotics: Control, Sensing, Vision, and Intelligence, K. S. Fu, R. C. Gonzales, and C. S. G. Lee, Tata McGraw-Hill, NY, 2008.

4. Introdução à Robótica: Análise, Sistemas, Aplicações, Saeed B. Niku Prentice HallNJ, 2010.

CAPÍTULO I

INTRODUÇÃO

O domínio da robótica tem as suas origens na ficção científica. O termo robô foi derivado da tradução inglesa de uma peça de fantasia escrita na Checoslováquia por volta de 1920. Foram necessários mais 40 anos para que a tecnologia moderna da robótica industrial começasse a ser utilizada. Atualmente, os robôs são manipuladores mecânicos altamente automatizados, controlados por computadores. Analisamos algumas das histórias de ficção científica sobre robôs e traçamos o desenvolvimento histórico da tecnologia robótica. Comecemos o nosso capítulo definindo o termo robótica e estabelecendo o seu lugar em relação a outros tipos de automação industrial.

Robótica: -

A robótica é uma ciência de engenharia aplicada que tem sido referida como uma combinação de tecnologia de máquinas-ferramentas e ciências informáticas. Inclui a conceção de máquinas, a teoria da produção, a microeletrónica, a programação informática e a inteligência artificial.

OU

A "robótica" é definida como a ciência da conceção e construção de robôs adequados para aplicações reais em ambientes de fabrico automatizado e outros ambientes não fabris.

Robô industrial: -

A definição oficial de um robô industrial é fornecida pela associação das indústrias de robótica (RIA). O robô industrial é definido como um manipulador automático, livremente programado, servocontrolado e polivalente, destinado a realizar várias operações de uma indústria com movimentos programados variáveis.

Automação e robótica:-

A automatização e a robótica são duas tecnologias estreitamente relacionadas. Num contexto industrial, podemos considerar a automação como uma tecnologia que diz respeito à utilização de sistemas mecânicos, electrónicos e informáticos no funcionamento e controlo da produção. Máquinas de montagem mecanizadas, sistemas de controlo de feedback (aplicados a processos industriais), máquinas-ferramentas de controlo numérico e robôs. Por conseguinte, a robótica é uma forma de automação industrial.

Ex:- Robótica, CAD/CAM, FMS, CIMS

Tipos de automatização

A automatização é classificada em três tipos. São eles,

1) Automatização fixa

2) Automatização programável

3) Automatização flexível.

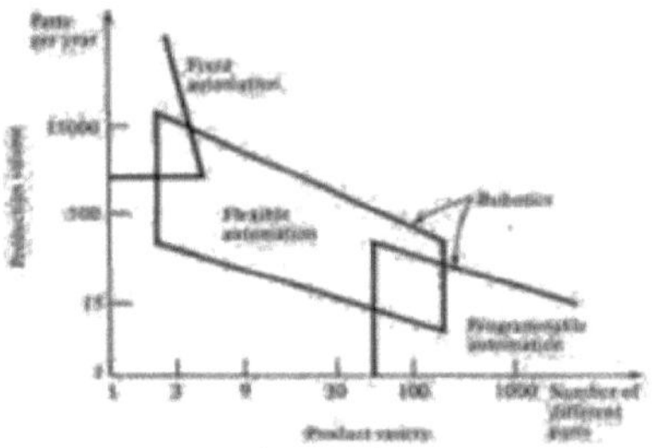

Relationship of fixed automation, programmable automation, and flexible automation as a function of production volume and product variety.

(1) Automação fixa:-

É a automatização em que a sequência das operações de transformação ou de montagem a efetuar é fixada pela configuração do equipamento. Na automação fixa, a sequência de operações (que são simples) está integrada num equipamento. Por conseguinte, é difícil automatizar alterações na conceção do produto. É utilizada quando é necessário um elevado volume de produção A taxa de produção da automação fixa é elevada. Nesta automatização, não são processados novos produtos para uma determinada sequência de operações de montagem.

Características: -

i) Elevado volume de produção,
ii) Relativamente inflexível na variedade de produtos (não há novos produtos produzidos). Ex:- Indústria automóvel ... etc.

(2) Automação programável: -

É a automação em que o equipamento é concebido para acomodar várias configurações de produtos, de modo a alterar a sequência de operações ou operações de montagem através de um programa de controlo. Diferentes tipos de programas podem ser carregados no equipamento para produzir produtos com novas configurações (i.e., novos produtos). É utilizado para a produção de lotes de baixo e médio volume. Para cada novo lote de produto com configuração diferente, é carregado no equipamento um novo programa de controlo correspondente ao novo produto. Esta automatização é relativamente económica para pequenos lotes de produto.

Características: -

i) Elevado investimento em objectivos gerais,
ii) Taxas de produção mais baixas do que a automação fixa,
iii) Flexibilidade e alterações na configuração dos produtos,
iv) Mais adequado para a produção por lotes.

Ex:- Robô industrial, máquinas-ferramentas NC, etc.

(3) Automatização flexível:-

Um sistema de fabrico integrado por computador, que é uma extensão da automatização programável, é referido como automatização flexível. É desenvolvido para minimizar a perda de tempo entre a mudança de produção de um lote de um produto para outro durante a recarga. O programa para produzir novos produtos e alterar a configuração física, ou seja, produz produtos diferentes sem perda de tempo. Esta automatização é mais flexível na interligação dos postos de trabalho com o sistema de manuseamento e armazenamento de materiais.

Características: -

i) Investimento elevado para um sistema de engenharia personalizado.
ii) Média Taxas de produção
iii) Flexibilidade para lidar com a variação da conceção do produto,
iv) Produção contínua de misturas variáveis
de produtos. Ex:- Fabrico flexível
(FMS)

Vantagens:-

1. Elevadas taxas de produção
2. Diminuição dos prazos de entrega
3. Diminuição da capacidade de armazenamento
4. Os erros humanos são eliminados.
5. O custo da mão de obra diminui.

Desvantagens

1. O custo inicial da matéria-prima é muito elevado,
2. O custo de manutenção é elevado,
3. Necessidade de mão de obra altamente qualificada.
4. Aumento dos custos indirectos de investigação, desenvolvimento e programação.

Razões para a implementação de sistemas automatizados nas indústrias transformadoras

As razões para a implementação de sistemas automatizados nas indústrias transformadoras são as seguintes

(i) Aumentar a taxa de produtividade do trabalho
(ii) Diminuir o custo da mão de obra
(iii) Minimizar o efeito da escassez de mão de obra
(iv) Para obter produtos de alta qualidade
(v) Evita-se um custo elevado sem automatização
(vi) Diminuir o tempo de fabrico
(vii) Melhorar a segurança dos trabalhadores.

Necessidade de utilizar a robótica nas indústrias

O robô industrial desempenha um papel importante no fabrico automatizado para realizar diferentes tipos de aplicações.

1. Os robôs podem ser construídos com uma capacidade de desempenho superior à dos seres humanos. Em termos de força, tamanho, velocidade, precisão... etc.
2. Os robots são melhores do que os humanos para executar tarefas simples e repetitivas com melhor qualidade e consistência.
3. Os robots não têm as limitações e os atributos negativos do trabalho humano, como a fadiga, a necessidade de descanso, o desvio de atenção, etc. etc.
4. Os robôs são utilizados nas indústrias para poupar tempo em comparação com os seres humanos.
5. Os robôs estão em más condições de trabalho
6. Melhoria das condições de trabalho e redução dos riscos.

CAD/CAM e Robótica:-

CAD/CAM é um termo que significa desenho assistido por computador e fabrico assistido por computador. Trata-se de uma tecnologia relacionada com a utilização de computadores digitais para efetuar determinadas funções de conceção e produção.

CAD:- O CAD pode ser definido como a utilização de sistemas informáticos para ajudar na criação, modificação, análise OU otimização do desenho.
CAM:- A CAM pode ser definida como a utilização de um sistema informático para planear, gerir e controlar o funcionamento de uma unidade de produção, através de uma interface informática direta ou não direta com os recursos de produção da unidade.

Especificações da robótica:-

1. Eixo de movimento
2. Postos de trabalho
3. Velocidade
4. Aceleração
5. Capacidade de carga útil
6. Exatidão
7. Repetibilidade, etc...

Visão geral da robótica:-

A "robótica" é definida como a ciência da conceção e construção de robôs adequados para aplicações reais em ambientes de fabrico automatizado e outros ambientes não fabris. Tem os seguintes objectivos,

1. Para aumentar a produtividade
2. Reduzir a vida útil da produção
3. Minimizar a necessidade de mão de obra
4. Melhoria da qualidade dos produtos
5. Minimizar a perda de horas-homem, devido a acidentes.
6. Produção fiável e de alta velocidade.

Os robôs são classificados como robôs programáveis/reprogramáveis
*Robôs tele-operados e controlados pelo homem
*Robôs inteligentes.
Os robôs são utilizados em unidades de fabrico e montagem, tais como,

1. Soldadura por pontos ou por arco
2. Montagem de peças
3. Pulverização de tinta
4. Material, manuseamento
5. Carga e descarga

As características e capacidades dos robôs são as seguintes

1. Inteligência
2. Capacidades do sensor
3. Telepresença
4. Conceção mecânica
5. Mobilidade e navegação
6. Pinça universal
7. Integração de sistemas e ligação em rede.

Tipos de sistemas de acionamento

1. Acionamento hidráulico
2. Tração eléctrica
3. Acionamento pneumático

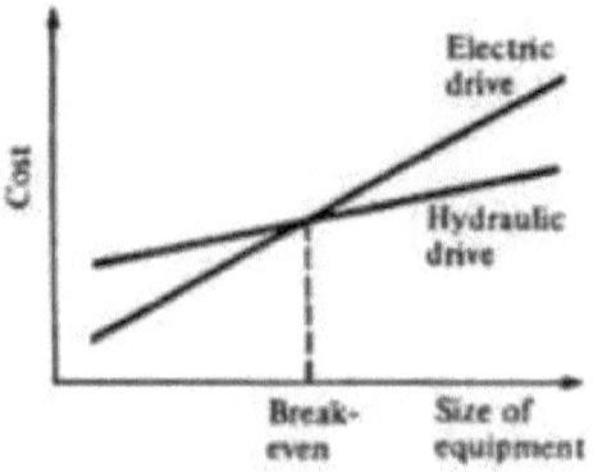

drive.

1. <u>Acionamento hidráulico :-</u>

O acionamento hidráulico e o acionamento elétrico são os dois principais tipos de acionamento utilizados nos robôs mais sofisticados.

O acionamento hidráulico está geralmente associado a robôs maiores, como os da série Unimate 2000. As vantagens habituais do sistema de acionamento hidráulico são o facto de proporcionar ao robô maior velocidade e força. As desvantagens do sistema de acionamento hidráulico são o aumento do espaço necessário para o robô e a tendência de um sistema hidráulico apresentar fugas, o que é um incómodo.

Este tipo de sistema também pode ser designado por cilindros não alimentados a ar. Neste sistema, o óleo é utilizado como fluido de trabalho em vez de ar comprimido. O sistema hidráulico necessita de uma bomba para gerar a pressão e o caudal necessários. Estes sistemas são bastante complexos, dispendiosos e requerem manutenção.

2. <u>Acionamento elétrico:-</u>

Os sistemas de acionamento elétrico não fornecem geralmente tanta velocidade ou potência como os sistemas hidráulicos. No entanto, a precisão e a repetibilidade dos robôs de acionamento elétrico são geralmente melhores. Consequentemente, os robôs eléctricos tendem a ser mais pequenos. Requerem menos espaço no chão e as suas aplicações tendem para trabalhos mais precisos, como a montagem.

Neste sistema, a energia é desenvolvida por uma corrente eléctrica. Requer pouca manutenção e o funcionamento é menos ruidoso.

3. <u>Acionamento pneumático:-</u>

O acionamento pneumático é geralmente reservado aos robôs mais pequenos que possuem menos graus de liberdade (movimentos de duas a quatro articulações).

Neste sistema, o ar é utilizado como fluido de trabalho, pelo que também é designado por cilindros pneumáticos. O ar é comprimido no cilindro com a ajuda de uma bomba e o ar comprimido é utilizado para gerar energia com a pressão e o caudal necessários.

<u>Aplicações dos robots:-</u>

<u>Aplicações actuais dos robôs:-</u> (i) Aplicações de transferência de materiais (ii) Carga e descarga de máquinas (iii) Operações de processamento como,

(a) Soldadura por pontos
(b) Soldadura por arco contínuo
(c) Revestimento por pulverização
(d) Operações de perfuração, fresagem e maquinagem
(e) Esmerilhar, polir, desbastar, escovar com fio
(g) Perfuração e corte por laser, etc.
(iv) Tarefas de montagem, conceção de células de montagem, acoplamento de peças.

(v) Inspeção, automatização.

Aplicações futuras dos robôs:-

O perfil do futuro robô baseado nas actividades de investigação incluirá o seguinte,

(i) Inteligência
(ii) Capacidades do sensor
(iii) Telepresença
(iv) Conceção mecânica
(v) Mobilidade e navegação (máquinas de marcha)
(vi) Pinça universal
(vii) Sistemas, integração e ligação em rede
(viii) FMS (Sistemas de fabrico flexíveis)
(Ix) Ambientes não fabris perigosos e inacessíveis
(x) Extração subterrânea de carvão
(xi) Operações de combate a incêndios
(xii) Robôs no espaço
(xiii) Guardas de segurança
(xiv) Operações de recolha de lixo e de eliminação de resíduos
(xv) Robôs domésticos
(xvi) Cuidados médicos e tarefas hospitalares, etc.

Classificação dos robôs (ou) Classificação por sistema de coordenadas e sistema de controlo

Sistemas de coordenação

Os robôs industriais estão disponíveis numa grande variedade de tamanhos, formas e configurações físicas. A grande maioria dos robôs atualmente disponíveis no mercado possui uma das configurações básicas:

1. Configuração polar
2. Configuração cilíndrica
3. Coordenadas cartesianas configuráveis
4. Configuração de braço articulado

1. Configuração polar:-

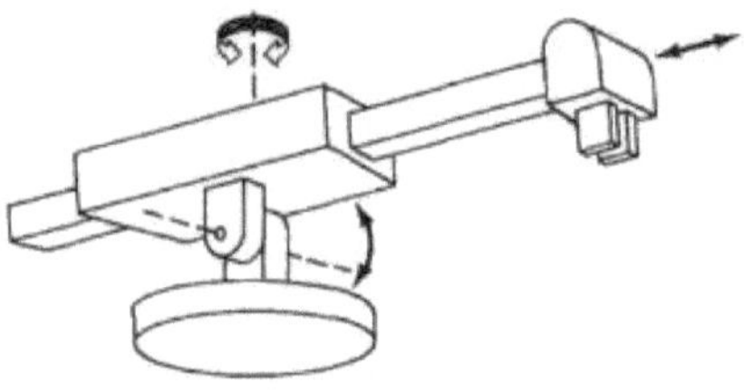

Esférico

A configuração polar é ilustrada na parte (a) da Fig. Utiliza um braço telescópico que pode ser levantado ou baixado em torno de um pivot horizontal. Estas várias articulações dão ao robot a capacidade de mover o seu braço num espaço esférico e, por isso, o nome robot de "coordenadas esféricas" é por vezes aplicado a este tipo. Um certo número de robots comerciais possui a configuração polar.

2. Configuração cilíndrica:-

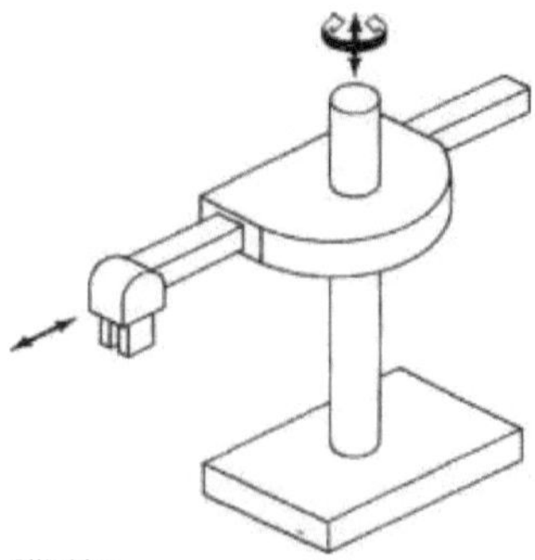

Cilíndrico

O configurável cilíndrico, como se mostra na figura, utiliza uma coluna vertical e um escorrega que pode ser movido para cima ou para baixo ao longo da coluna. O braço do robot está ligado à corrediça para que esta se possa deslocar radialmente em relação à coluna. Ao deslocar a coluna, o robot é capaz de obter um espaço de trabalho que se aproxima de um cilindro.

3. Coordenada cartesiana configurável:-

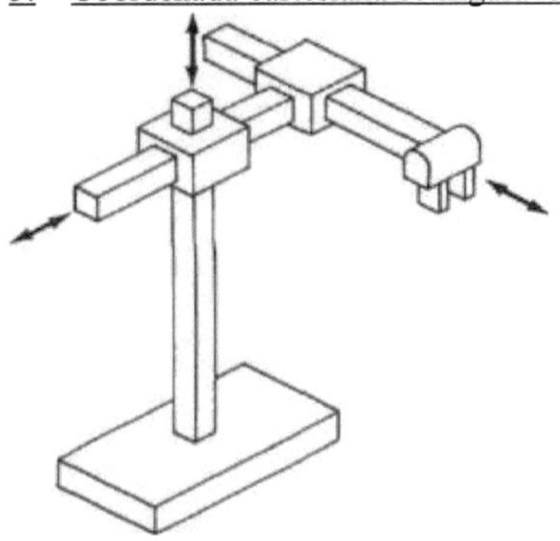

Cartesiano ou *xyz*

O robô de coordenadas cartesianas, ilustrado na parte Cc) da figura, utiliza três guias perpendiculares para construir os eixos x, y e z. Ao mover as três lâminas uma em relação à outra, o robô é capaz de operar dentro de uma área de trabalho retangular.

4. Configuração de braço articulado:-

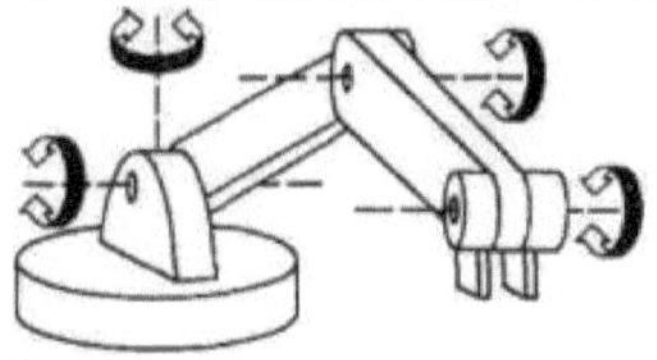

Revoluta

O robô de braço articulado é ilustrado na Fig. A sua configuração é semelhante à do braço humano. É constituído por dois componentes rectos. Correspondentes ao antebraço e ao braço humanos, montados numa base vertical. Estes componentes estão ligados por duas articulações rotativas correspondentes ao ombro e ao cotovelo.

Sistemas de controlo

No que diz respeito à robótica, o sistema de controlo do movimento utilizado para controlar o movimento do operador final ou da ferramenta.

1. Robôs de sequência limitada (não servo)
2. Robôs de reprodução com ponto a ponto (servo)
3. Reproduzir robôs com controlo contínuo da trajetória,
4. Robôs inteligentes.

Robôs de sequência limitada (não servo):-

Os robôs de sequência limitada não controlam por servo as posições relativas inclinadas das articulações; em vez disso, são controlados por interruptores de limite e são parados mecanicamente. Geralmente, não há feedback associado a um robô de sequência limitada para indicar que a posição desejada foi alcançada. Geralmente, este tipo de robô envolve movimentos simples, como operações de recolha e colocação.

Movimento de ponto a ponto:-

Este tipo de robôs é capaz de controlar a aceleração da velocidade e a trajetória do movimento, desde o início até ao fim do percurso. Utilizam programas de controlo complexos, computadores PLC (controladores lógicos programáveis) para controlar o movimento.

Os robôs de controlo de movimento ponto a ponto são capazes de executar um ciclo de movimento que consiste numa série de pontos de localização desejados. O robô é resistente e registado, unidade.

Caminho contínuo Iiiolion:-

Neste caso, os robôs são capazes de efetuar ciclos de movimento em que a trajetória seguida pelo robô é controlada. O robô move-se através de uma série de pontos espaciais que descrevem a trajetória desejada.

Ex:- Pintura por pulverização, soldadura por arco e operações de montagem complicadas.

Robôs inteligentes:-

Este tipo de robôs não só programa o ciclo de movimento, mas também interage com o seu ambiente de uma forma inteligente. Tomam decisões lógicas com base nos dados dos sensores recebidos durante a operação.

Os robots são normalmente programados utilizando uma linguagem simbólica semelhante ao inglês e não a uma linguagem de programação de computadores.

Precisão dos parâmetros de movimento (ou) do robô

A discussão anterior sobre a velocidade de resposta e a estabilidade diz respeito ao desempenho dinâmico do robot. Outra medida de desempenho é a precisão do movimento do robot. Definiremos a precisão como uma função de três características:

1. Resolução espacial
2. Exatidão
3. Repetibilidade

Estes termos serão definidos com base nos seguintes pressupostos.

1) As definições aplicar-se-ão na extremidade do pulso do robô sem nenhuma mão ligada ao pulso.

2) Os termos aplicam-se às condições mais desfavoráveis, as condições em que a precisão do robô estará no seu limite. Isto significa geralmente que o braço do robô está totalmente estendido no caso de um braço articulado ou polar configurável.

3) Em terceiro lugar, as nossas definições serão desenvolvidas no contexto de um robot ponto a ponto.

1. Resolução espacial: -

A resolução espacial de um robot é o menor incremento de movimento em que o robot pode dividir o seu volume de trabalho. A resolução espacial depende de dois factores: a resolução de controlo do sistema e as imprecisões mecânicas do robô. É mais fácil concetualizar estes factores em termos de um robô com 1 grau de liberdade.

2. Precisão:-

A precisão refere-se à capacidade de um robô posicionar a extremidade do pulso num ponto-alvo desejado dentro do volume de trabalho. A precisão de um robô pode ser definida em termos de resolução espacial, porque a capacidade de atingir um determinado ponto-alvo depende da precisão com que o robô consegue definir os incrementos de controlo para cada um dos seus movimentos articulares.

3. Repetibilidade:-

A repetibilidade diz respeito à capacidade do robô para posicionar o seu pulso ou um dispositivo de ação final ligado ao seu pulso num ponto do espaço, o que é conhecido como repetibilidade. A repetibilidade e a exatidão referem-se a dois aspectos diferentes da precisão do robot. A exatidão está relacionada com a capacidade de o robô ser programado para atingir um determinado ponto-alvo. O ponto real programado será provavelmente diferente do ponto-alvo devido a limitações da resolução de controlo. A repetibilidade refere-se à capacidade do robô de regressar ao ponto programado quando lhe é dada uma ordem nesse sentido.

CAPÍTULO - II

CINEMÁTICA

Relação entre as posições das articulações, a posição do efector final e a orientação.

Posição de um corpo rígido

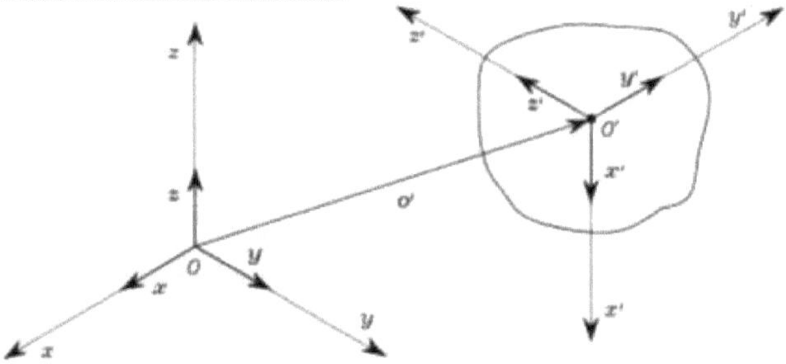

- Position

$$o' = \begin{bmatrix} o'_x \\ o'_y \\ o'_z \end{bmatrix}$$

- Orientation

$$x' = x'_x x + x'_y y + x'_z z$$
$$y' = y'_x x + y'_y y + y'_z z$$
$$z' = z'_x x + z'_y y + z'_z z$$

Matriz de rotação

$$R = \begin{bmatrix} x' & y' & z' \end{bmatrix} = \begin{bmatrix} x'^T x & y'^T x & z'^T x \\ x'^T y & y'^T y & z'^T y \\ x'^T z & y'^T z & z'^T z \end{bmatrix}$$

$$R^T R = I$$

$$R^T = R^{-1}$$

Rotação Elementar

Rotação de α em torno de Z

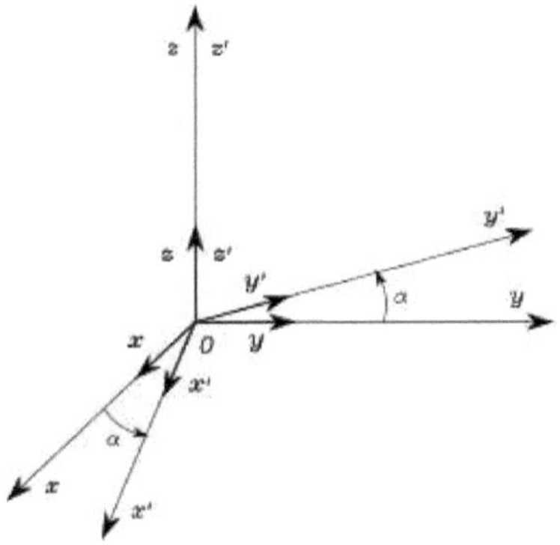

$$\boldsymbol{R}_z(\alpha) = \begin{bmatrix} \cos\alpha & -\sin\alpha & 0 \\ \sin\alpha & \cos\alpha & 0 \\ 0 & 0 & 1 \end{bmatrix}$$

rotation of β about y

$$\boldsymbol{R}_y(\beta) = \begin{bmatrix} \cos\beta & 0 & \sin\beta \\ 0 & 1 & 0 \\ -\sin\beta & 0 & \cos\beta \end{bmatrix}$$

rotation of γ about x

$$\boldsymbol{R}_x(\gamma) = \begin{bmatrix} 1 & 0 & 0 \\ 0 & \cos\gamma & -\sin\gamma \\ 0 & \sin\gamma & \cos\gamma \end{bmatrix}$$

Representação de um vetor

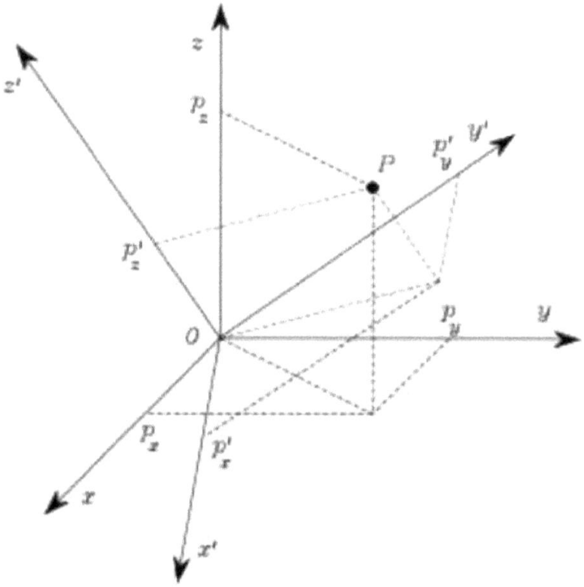

$$\boldsymbol{p} = \begin{bmatrix} p_x \\ p_y \\ p_z \end{bmatrix} \qquad \boldsymbol{p}' = \begin{bmatrix} p'_x \\ p'_y \\ p'_z \end{bmatrix}$$

$$\begin{aligned} \boldsymbol{p} &= \begin{bmatrix} \boldsymbol{x}' & \boldsymbol{y}' & \boldsymbol{z}' \end{bmatrix} \boldsymbol{p}' \\ &= \boldsymbol{R}\boldsymbol{p}' \end{aligned}$$

$$\boldsymbol{p}' = \boldsymbol{R}^T \boldsymbol{p}$$

Exemplo

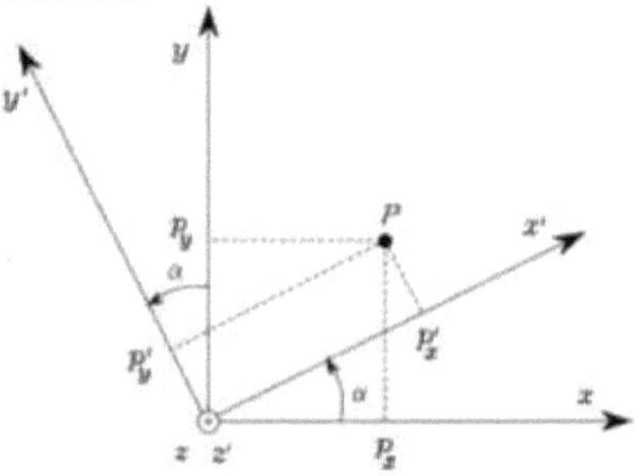

$$p_x = p'_x \cos\alpha - p'_y \sin\alpha$$
$$p_y = p'_x \sin\alpha + p'_y \cos\alpha$$
$$p_z = p'_z$$

Rotação de um vetor

$$\boldsymbol{p} = \boldsymbol{R}\boldsymbol{p}'$$

$$\boldsymbol{p}^T\boldsymbol{p} = \boldsymbol{p}'^T\boldsymbol{R}^T\boldsymbol{R}\boldsymbol{p}'$$

Exemplo

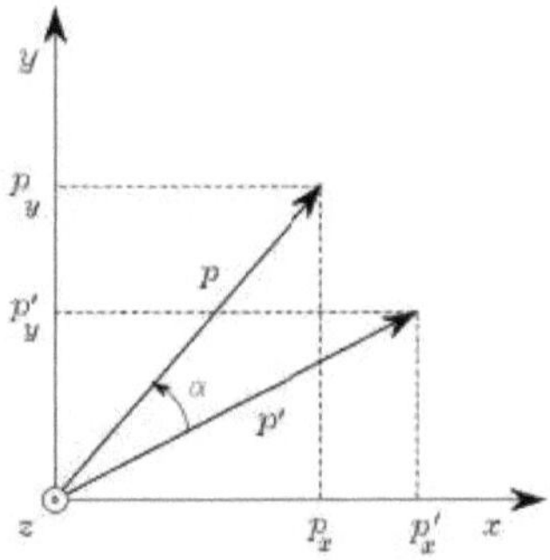

$$p_x = p'_x \cos\alpha - p'_y \sin\alpha$$
$$p_y = p'_x \sin\alpha + p'_y \cos\alpha$$
$$p_z = p'_z$$
$$\boldsymbol{p} = \boldsymbol{R}_z(\alpha)\boldsymbol{p}'$$

Matriz de rotação

Descreve a orientação mútua entre dois quadros de coordenadas; os seus vectores coluna são os cossenos de direção dos eixos do quadro rodado em relação ao quadro original.

Representa a transformação de coordenadas entre as coordenadas de um ponto expressas em dois quadros diferentes (com origem comum).

É o operador que permite a rotação de um vetor no mesmo quadro de coordenadas.

COMPOSIÇÃO DE MATRIZES DE ROTAÇÃO

$p^1 = R_2^1 p^2$
$p^0 = R_1^0 p^1$
$p^0 = R_2^0 p^2$

$$R_i^j = (R_j^i)^{-1} = (R_j^i)^T$$

<u>**Rotação atual da moldura**</u>

$$R_2^0 = R_1^0 R_2^1$$

Rotação fixa da moldura

$$R_2^0 = R_2^1 R_1^0$$

<u>ÂNGULOS DE EULER</u>

Matriz de rotação
9 parâmetros com 6 restrições representação mínima da orientação
3 parâmetros independentes

<u>Ângulos ZYZ</u>

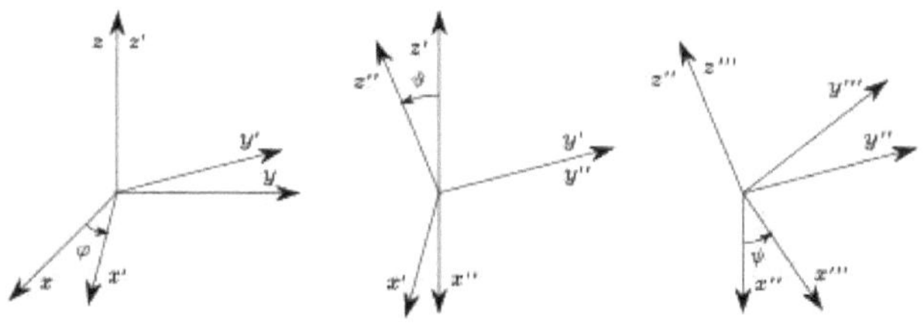

$$R(\phi) = R_z(\varphi) R_{y'}(\vartheta) R_{z''}(\psi)$$

$$= \begin{bmatrix} c_\varphi c_\vartheta c_\psi - s_\varphi s_\psi & -c_\varphi c_\vartheta s_\psi - s_\varphi c_\psi & c_\varphi s_\vartheta \\ s_\varphi c_\vartheta c_\psi + c_\varphi s_\psi & -s_\varphi c_\vartheta s_\psi + c_\varphi c_\psi & s_\varphi s_\vartheta \\ -s_\vartheta c_\psi & s_\vartheta s_\psi & c_\vartheta \end{bmatrix}$$

<u>**Problema inverso**</u>

$$R = \begin{bmatrix} r_{11} & r_{12} & r_{13} \\ r_{21} & r_{22} & r_{23} \\ r_{31} & r_{32} & r_{33} \end{bmatrix}$$

Given the **three ZYZ angles are ($\vartheta \in (0, \pi)$)**

$$\varphi = \text{Atan2}(r_{23}, r_{13})$$

$$\vartheta = \text{Atan2}\left(\sqrt{r_{13}^2 + r_{23}^2}, r_{33}\right)$$

$$\psi = \text{Atan2}(r_{32}, -r_{31})$$

or ($\vartheta \in (-\pi, 0)$)

$$\varphi = \text{Atan2}(-r_{23}, -r_{13})$$

$$\vartheta = \text{Atan2}\left(-\sqrt{r_{13}^2 + r_{23}^2}, r_{33}\right)$$

$$\psi = \text{Atan2}(-r_{32}, r_{31})$$

Dado que os três ângulos ZYZ são

<u>Ângulos RPY</u>

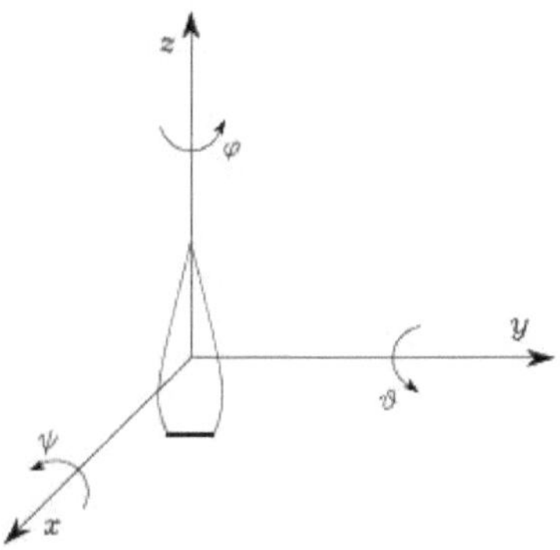

$$R(\phi) = R_z(\varphi) R_y(\vartheta) R_x(\psi)$$

$$= \begin{bmatrix} c_\varphi c_\vartheta & c_\varphi s_\vartheta s_\psi - s_\varphi c_\psi & c_\varphi s_\vartheta c_\psi + s_\varphi s_\psi \\ s_\varphi c_\vartheta & s_\varphi s_\vartheta s_\psi + c_\varphi c_\psi & s_\varphi s_\vartheta c_\psi - c_\varphi s_\psi \\ -s_\vartheta & c_\vartheta s_\psi & c_\vartheta c_\psi \end{bmatrix}$$

<u>Problema inverso</u>

Dado que os três ângulos RPY são

Inverse problem

Given

$$R = \begin{bmatrix} r_{11} & r_{12} & r_{13} \\ r_{21} & r_{22} & r_{23} \\ r_{31} & r_{32} & r_{33} \end{bmatrix}$$

the three RPY angles are ($\vartheta \in (-\pi/2, \pi/2)$)

$$\varphi = \text{Atan2}(r_{21}, r_{11})$$

$$\vartheta = \text{Atan2}\left(-r_{31}, \sqrt{r_{32}^2 + r_{33}^2}\right)$$

$$\psi = \text{Atan2}(r_{32}, r_{33})$$

or ($\vartheta \in (\pi/2, 3\pi/2)$)

$$\varphi = \text{Atan2}(-r_{21}, -r_{11})$$

$$\vartheta = \text{Atan2}\left(-r_{31}, -\sqrt{r_{32}^2 + r_{33}^2}\right)$$

$$\psi = \text{Atan2}(-r_{32}, -r_{33})$$

ÂNGULO E EIXO

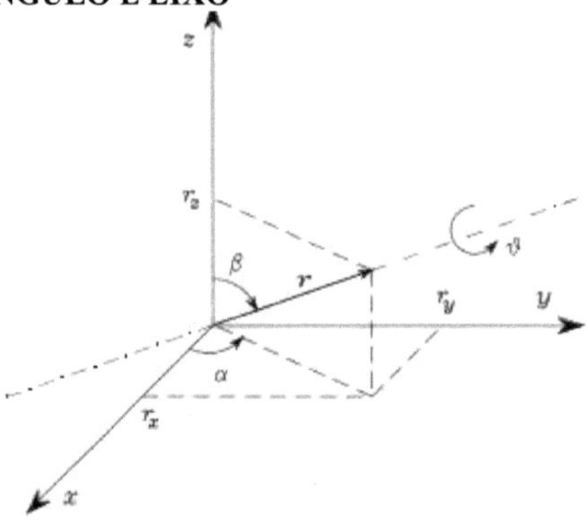

$$R(\vartheta, r) = R_z(\alpha) R_y(\beta) R_z(\vartheta) R_y(-\beta) R_z(-\alpha)$$

$$\sin\alpha = \frac{r_y}{\sqrt{r_x^2 + r_y^2}} \qquad \cos\alpha = \frac{r_x}{\sqrt{r_x^2 + r_y^2}}$$

$$\sin\beta = \sqrt{r_x^2 + r_y^2} \qquad \cos\beta = r_z$$

$$R(\vartheta, r) = \begin{bmatrix} r_x^2(1-c_\vartheta) + c_\vartheta & r_x r_y(1-c_\vartheta) - r_z s_\vartheta & r_x r_z(1-c_\vartheta) + r_y s_\vartheta \\ r_x r_y(1-c_\vartheta) + r_z s_\vartheta & r_y^2(1-c_\vartheta) + c_\vartheta & r_y r_z(1-c_\vartheta) - r_x s_\vartheta \\ r_x r_z(1-c_\vartheta) - r_y s_\vartheta & r_y r_z(1-c_\vartheta) + r_x s_\vartheta & r_z^2(1-c_\vartheta) + c_\vartheta \end{bmatrix}$$

$$R(\vartheta, r) = R(-\vartheta, -r)$$

Problema inverso

Dado

$$R = \begin{bmatrix} r_{11} & r_{12} & r_{13} \\ r_{21} & r_{22} & r_{23} \\ r_{31} & r_{32} & r_{33} \end{bmatrix}$$

o ângulo e o eixo de rotação são (sin ϑ 6= 0)

$$\vartheta = \cos^{-1}\left(\frac{r_{11} + r_{22} + r_{33} - 1}{2}\right)$$

$$r = \frac{1}{2\sin\vartheta}\begin{bmatrix} r_{32} - r_{23} \\ r_{13} - r_{31} \\ r_{21} - r_{12} \end{bmatrix}$$

Com

$$r_x^2 + r_y^2 + r_z^2 = 1$$

TRANSFORMAÇÕES HOMOGÉNEAS

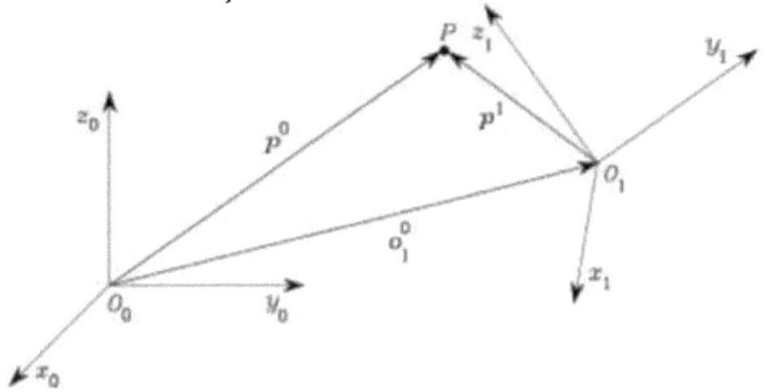

- Transformação de coordenadas (translação + rotação)

$$p^0 = o_1^0 + R_1^0 p^1$$

Transformação inversa

$$p^1 = -R_0^1 o_1^0 + R_0^1 p^0$$

Representação homogénea

$$\tilde{p} = \begin{bmatrix} p \\ 1 \end{bmatrix}$$

Matriz de transformação homogénea

$$A_1^0 = \begin{bmatrix} R_1^0 & o_1^0 \\ 0^T & 1 \end{bmatrix}$$

- Transformação de coordenadas

$$\tilde{p}^0 = A_1^0 \tilde{p}^1 \quad ,$$

- Transformação inversa

$$\tilde{\boldsymbol{p}}^1 = \boldsymbol{A}_0^1 \tilde{\boldsymbol{p}}^0 = \left(\boldsymbol{A}_1^0\right)^{-1} \tilde{\boldsymbol{p}}^0$$

$$\boldsymbol{A}_0^1 = \begin{bmatrix} \boldsymbol{R}_0^1 & -\boldsymbol{R}_0^1 \boldsymbol{o}_1^0 \\ \boldsymbol{0}^T & 1 \end{bmatrix}$$

$$\boldsymbol{A}^{-1} \neq \boldsymbol{A}^T$$

- Sequência de transformações de coordenadas

$$\tilde{\boldsymbol{p}}^0 = \boldsymbol{A}_1^0 \boldsymbol{A}_2^1 \ldots \boldsymbol{A}_n^{n-1} \tilde{\boldsymbol{p}}^n$$

CAPÍTULO - III

CINEMÁTICA DIRECTA

- **Manipulador**

série de elos ligados por meio de articulações

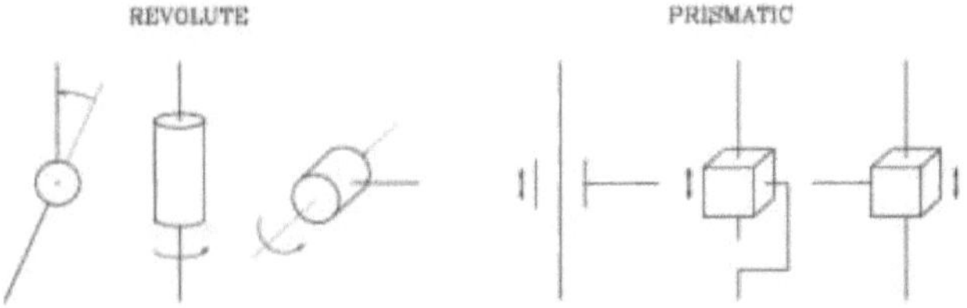

Cadeia cinemática (da base ao efector final) aberta (apenas uma sequência) fechada (loop)

Grau ' de liberdade

associada a uma articulação articular = variável articular **Estrutura de base e estrutura do vetor terminal**

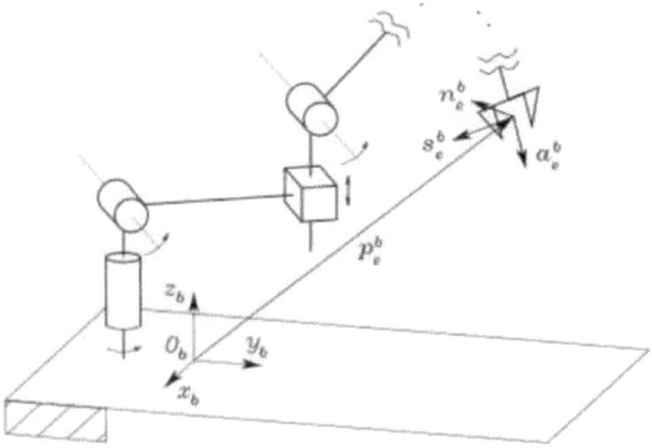

Equação cinemática direta

$$T_e^b(q) = \begin{bmatrix} n_e^b(q) & s_e^b(q) & a_e^b(q) & p_e^b(q) \\ 0 & 0 & 0 & 1 \end{bmatrix}$$

Braço plano de dois elos

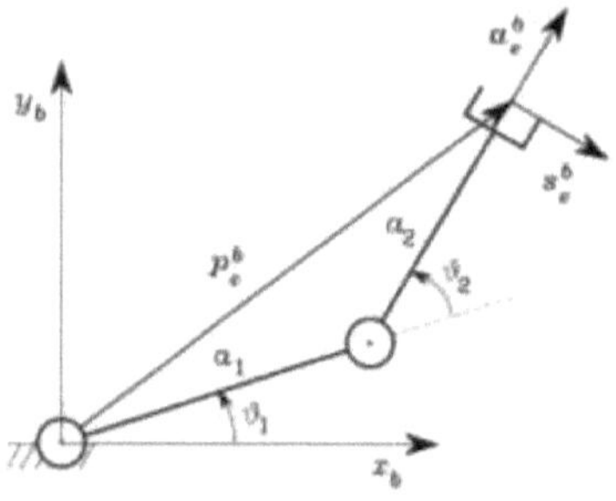

$$T_e^b(q) = \begin{bmatrix} n_e^b & s_e^b & a_e^b & p_e^b \\ 0 & 0 & 0 & 1 \end{bmatrix} = \begin{bmatrix} 0 & s_{12} & c_{12} & a_1c_1 + a_2c_{12} \\ 0 & -c_{12} & s_{12} & a_1s_1 + a_2s_{12} \\ 1 & 0 & 0 & 0 \\ 0 & 0 & 0 & 1 \end{bmatrix}$$

Convenção Denavit-Hartenberg

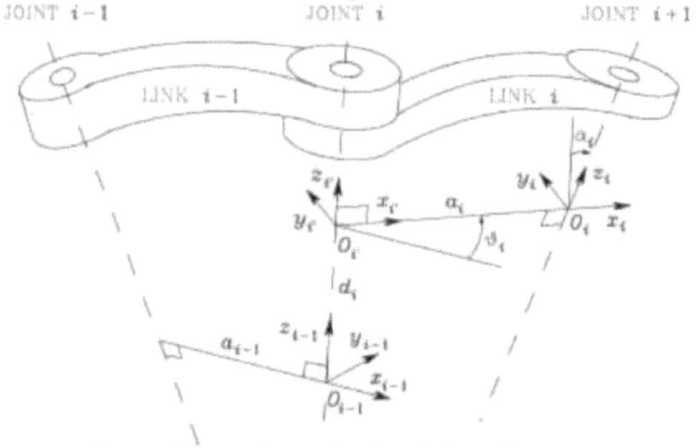

- escolher o eixo z_i ao longo do eixo da junta i + 1
- localizar O_i na intersecção do eixo z_i com a normal comum aos eixos z_{i-1} e z_i, e O'i na intersecção da normal comum com o eixo z_{i-1}
- escolher o eixo xi ao longo da normal comum aos eixos z_{i-1} e z_i com direção positiva a partir de Conjunto

i para Conjunto i + 1

- escolher o eixo y_i de modo a completar o quadro destro
- Definição não única de quadro de ligação:

Para a moldura 0, apenas a direção do eixo z0 é especificada: então O0 e X0 podem ser escolhidos arbitrariamente.

Para o quadro n, uma vez que não existe uma junta n + 1, z_n não é definido de forma única, enquanto x_n tem de ser normal ao eixo z_{n-1}; normalmente, a junta n é rotativa e, assim, z_n pode ser alinhado com z_{n-1} .

quando dois eixos consecutivos são paralelos, a normal comum entre eles não é definida de forma única.

quando dois eixos consecutivos se intersectam, a direção positiva de xi é arbitrária. Quando a junta i é prismática, apenas a direção de z_{i-1} é especificada.

Parâmetros Denavit-Hartenberg

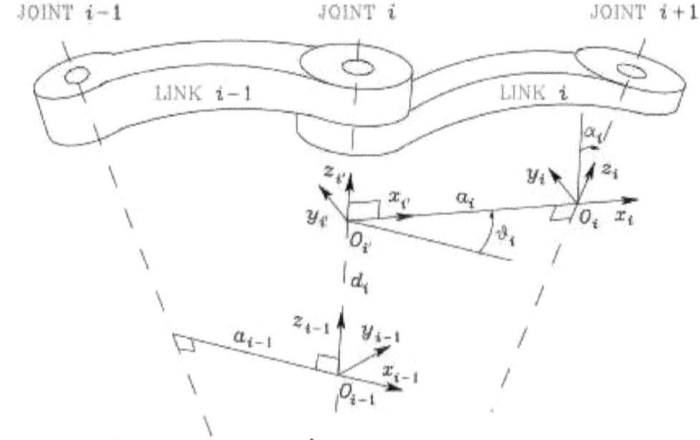

a_i distância entre O_i e $O_{i'}$;

d_i coordenada de $O_{i'}$ e z_{i-1};

α_i ângulo entre os eixos z_{i-1} e z_i em torno do eixo xi a ser considerado positivo quando a rotação é efectuada no sentido contrário ao dos ponteiros do relógio

ϑ_i ângulo entre os eixos x_{i-1} e x_i em torno do eixo z_{i-1} a tomar como positivo quando a rotação é feita no sentido contrário ao dos ponteiros do relógio

a_i e α_i são sempre constantes

Se a junta i for rotativa, a variável é ϑ_i

se a junta i for prismática, a variável é di

- Transformação de coordenadas

$$A_{i'}^{i-1} = \begin{bmatrix} c_{\vartheta_i} & -s_{\vartheta_i} & 0 & 0 \\ s_{\vartheta_i} & c_{\vartheta_i} & 0 & 0 \\ 0 & 0 & 1 & d_i \\ 0 & 0 & 0 & 1 \end{bmatrix}$$

$$A_i^{i'} = \begin{bmatrix} 1 & 0 & 0 & a_i \\ 0 & c_{\alpha_i} & -s_{\alpha_i} & 0 \\ 0 & s_{\alpha_i} & c_{\alpha_i} & 0 \\ 0 & 0 & 0 & 1 \end{bmatrix}$$

$$A_i^{i-1}(q_i) = A_{i'}^{i-1} A_i^{i'} = \begin{bmatrix} c_{\vartheta_i} & -s_{\vartheta_i} c_{\alpha_i} & s_{\vartheta_i} s_{\alpha_i} & a_i c_{\vartheta_i} \\ s_{\vartheta_i} & c_{\vartheta_i} c_{\alpha_i} & -c_{\vartheta_i} s_{\alpha_i} & a_i s_{\vartheta_i} \\ 0 & s_{\alpha_i} & c_{\alpha_i} & d_i \\ 0 & 0 & 0 & 1 \end{bmatrix}$$

1. Encontrar e numerar consecutivamente os eixos das juntas; definir as direcções dos eixos z_0, , z_{n-1}.
2. Escolher a moldura 0 situando a origem no eixo z0; os eixos x0 e y0 são escolhidos de modo a obter uma moldura à direita. Se for possível, vale a pena escolher a moldura o para coincidir com a moldura de base.

Executar as etapas de 3 a 5 para i = 1, . . . , n - 1:

3. Localizar a origem O_i na intersecção de zi com a normal comum aos eixos z_{i-1} e z_i. Se os

eixos z_{i-1} e z_i são paralelos e a articulação i é rotativa, então localizar O_i de modo a que d_i=0; se A articulação i é prismática, localizar O_i numa posição de referência para a amplitude da articulação, por exemplo, um limite mecânico.

4. Escolher o eixo xi ao longo da normal comum aos eixos z_{i-1} e z_i com a direção da articulação i para a articulação i + 1 .

5. Escolher o eixo y_i de modo a obter um quadro destro para completar.

6. Selecionar o quadro n; se a junta n for rotativa, alinhar zn com zn-1; caso contrário, se a junta n for prismática, escolher z_n arbitrariamente. O eixo x_n é definido de acordo com o passo 4.

7. Para i = 1, . . . , n, formar o quadro dos parâmetros $a_i, d_i, \alpha_i, \upsilon_i$.

8. Com base nos parâmetros de 7, calcular as matrizes de transformação homogénea A_i^{i-1} (q_i) para i= 1, . . . , n.

9. Calcule a transformação homogénea T^0 (q)=A *0*.... A^{n-} 1 que produz o n1n posição e orientação do fotograma n em relação ao fotograma 0.

10. Dado T_0^b e T_e^n , calcular a função cinemática direta como T_e^b (q)= T_0^b T_n^0 T_e^n que produz a posição e orientação da estrutura do efector final em relação à estrutura de base.

Three-link planar arm

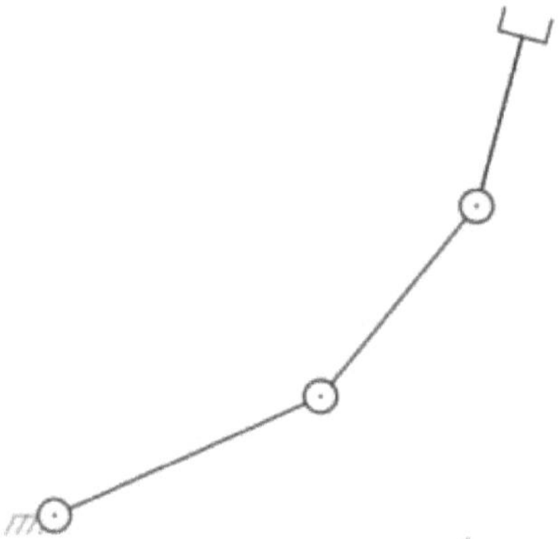

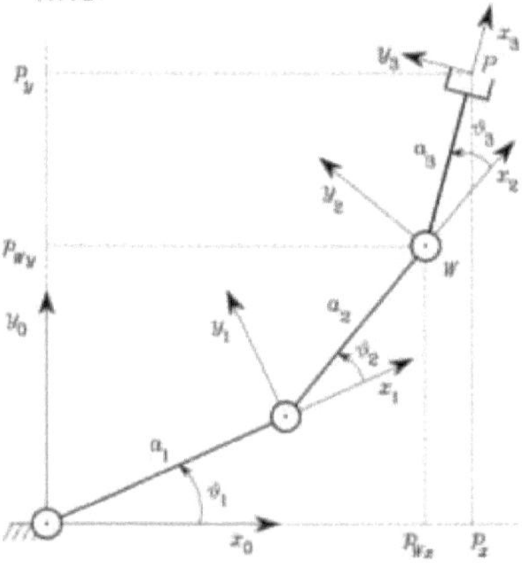

Link	a_i	α_i	d_i	ϑ_i
1	a_1	0	0	ϑ_1
2	a_2	0	0	ϑ_2
3	a_3	0	0	ϑ_3

$$\boldsymbol{A}_i^{i-1} = \begin{bmatrix} c_i & -s_i & 0 & a_i c_i \\ s_i & c_i & 0 & a_i s_i \\ 0 & 0 & 1 & 0 \\ 0 & 0 & 0 & 1 \end{bmatrix} \qquad i = 1, 2, 3$$

$$\boldsymbol{T}_3^0 = \boldsymbol{A}_1^0 \boldsymbol{A}_2^1 \boldsymbol{A}_3^2$$

$$= \begin{bmatrix} c_{123} & -s_{123} & 0 & a_1 c_1 + a_2 c_{12} + a_3 c_{123} \\ s_{123} & c_{123} & 0 & a_1 s_1 + a_2 s_{12} + a_3 s_{123} \\ 0 & 0 & 1 & 0 \\ 0 & 0 & 0 & 1 \end{bmatrix}$$

Braço esférico

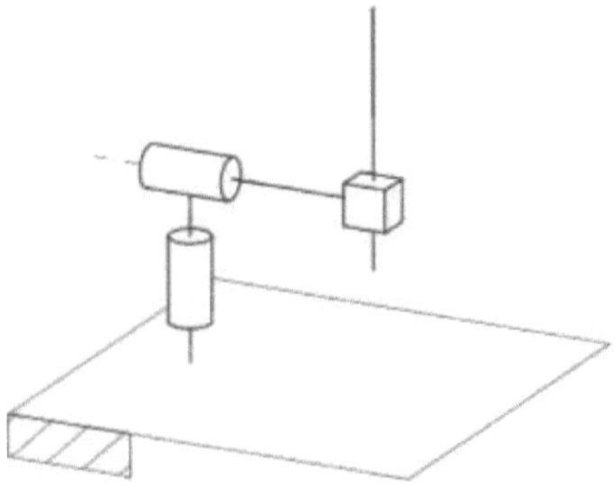

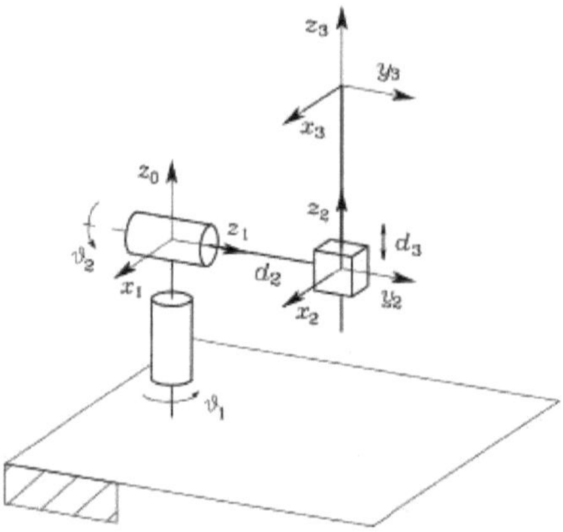

Link	a_i	α_i	d_i	ϑ_i
1	0	$-\pi/2$	0	ϑ_1
2	0	$\pi/2$	d_2	ϑ_2
3	0	0	d_3	0

$$\boldsymbol{A}_1^0 = \begin{bmatrix} c_1 & 0 & -s_1 & 0 \\ s_1 & 0 & c_1 & 0 \\ 0 & -1 & 0 & 0 \\ 0 & 0 & 0 & 1 \end{bmatrix} \quad \boldsymbol{A}_2^1 = \begin{bmatrix} c_2 & 0 & s_2 & 0 \\ s_2 & 0 & -c_2 & 0 \\ 0 & 1 & 0 & d_2 \\ 0 & 0 & 0 & 1 \end{bmatrix} \quad \boldsymbol{A}_3^2 = \begin{bmatrix} 1 & 0 & 0 & 0 \\ 0 & 1 & 0 & 0 \\ 0 & 0 & 1 & d_3 \\ 0 & 0 & 0 & 1 \end{bmatrix}$$

$$\boldsymbol{T}_3^0 = \boldsymbol{A}_1^0 \boldsymbol{A}_2^1 \boldsymbol{A}_3^2$$

$$= \begin{bmatrix} c_1 c_2 & -s_1 & c_1 s_2 & c_1 s_2 d_3 - s_1 d_2 \\ s_1 c_2 & c_1 & s_1 s_2 & s_1 s_2 d_3 + c_1 d_2 \\ -s_2 & 0 & c_2 & c_2 d_3 \\ 0 & 0 & 0 & 1 \end{bmatrix}$$

Braço antropomórfico

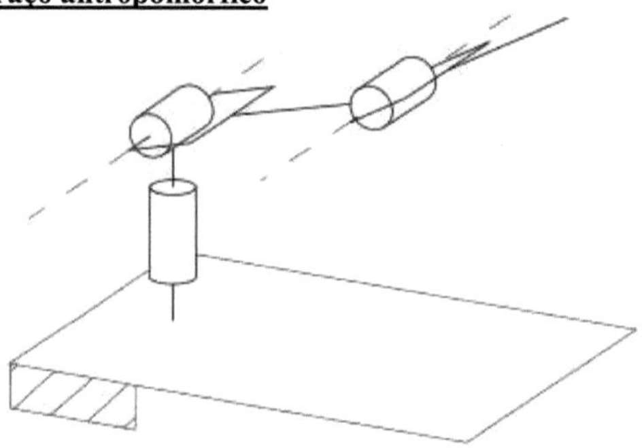

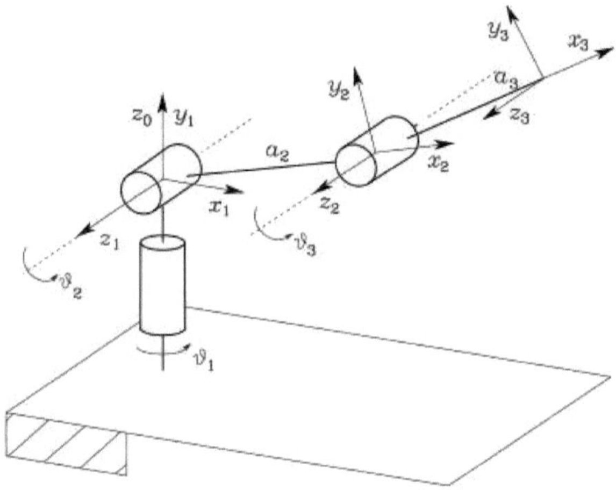

Link	a_i	α_i	d_i	ϑ_i
1	0	$\pi/2$	0	ϑ_1
2	a_2	0	0	ϑ_2
3	a_3	0	0	ϑ_3

$$A_1^0 = \begin{bmatrix} c_1 & 0 & s_1 & 0 \\ s_1 & 0 & -c_1 & 0 \\ 0 & 1 & 0 & 0 \\ 0 & 0 & 0 & 1 \end{bmatrix} \quad A_i^{i-1} = \begin{bmatrix} c_i & -s_i & 0 & a_i c_i \\ s_i & c_i & 0 & a_i s_i \\ 0 & 0 & 1 & 0 \\ 0 & 0 & 0 & 1 \end{bmatrix} \qquad i = 2, 3$$

$$T_3^0 = A_1^0 A_2^1 A_3^2$$

$$= \begin{bmatrix} c_1 c_{23} & -c_1 s_{23} & s_1 & c_1(a_2 c_2 + a_3 c_{23}) \\ s_1 c_{23} & -s_1 s_{23} & -c_1 & s_1(a_2 c_2 + a_3 c_{23}) \\ s_{23} & c_{23} & 0 & a_2 s_2 + a_3 s_{23} \\ 0 & 0 & 0 & 1 \end{bmatrix}$$

Pulso esférico

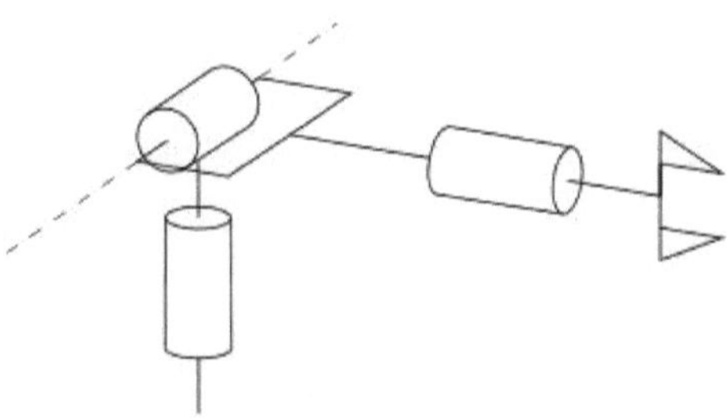

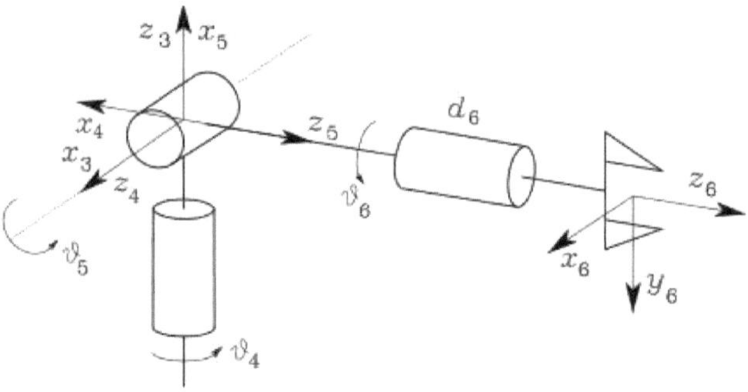

Link	a_i	α_i	d_i	ϑ_i
4	0	$-\pi/2$	0	ϑ_4
5	0	$\pi/2$	0	ϑ_5
6	0	0	d_6	ϑ_6

$$\boldsymbol{A}_4^3 = \begin{bmatrix} c_4 & 0 & -s_4 & 0 \\ s_4 & 0 & c_4 & 0 \\ 0 & -1 & 0 & 0 \\ 0 & 0 & 0 & 1 \end{bmatrix} \quad \boldsymbol{A}_5^4 = \begin{bmatrix} c_5 & 0 & s_5 & 0 \\ s_5 & 0 & -c_5 & 0 \\ 0 & 1 & 0 & 0 \\ 0 & 0 & 0 & 1 \end{bmatrix}$$

$$\boldsymbol{A}_6^5 = \begin{bmatrix} c_6 & -s_6 & 0 & 0 \\ s_6 & c_6 & 0 & 0 \\ 0 & 0 & 1 & d_6 \\ 0 & 0 & 0 & 1 \end{bmatrix}$$

$$\boldsymbol{T}_6^3 = \boldsymbol{A}_4^3 \boldsymbol{A}_5^4 \boldsymbol{A}_6^5$$

$$= \begin{bmatrix} c_4c_5c_6 - s_4s_6 & -c_4c_5s_6 - s_4c_6 & c_4s_5 & c_4s_5d_6 \\ s_4c_5c_6 + c_4s_6 & -s_4c_5s_6 + c_4c_6 & s_4s_5 & s_4s_5d_6 \\ -s_5c_6 & s_5s_6 & c_5 & c_5d_6 \\ 0 & 0 & 0 & 1 \end{bmatrix}$$

ESPAÇO CONJUNTO E ESPAÇO OPERACIONAL
Espaço articular

$$\boldsymbol{q} = \begin{bmatrix} q_1 \\ \vdots \\ q_n \end{bmatrix}$$

$q_i = \upsilon_i$ (junta rotativa) $q_i = d_i$ (junta prismática)

Espaço operacional

$$\boldsymbol{x} = \begin{bmatrix} \boldsymbol{p} \\ \boldsymbol{\phi} \end{bmatrix}$$

P (posição)

Φ (orientação)

Equação cinemática direta

x = k(q)

Exemplo

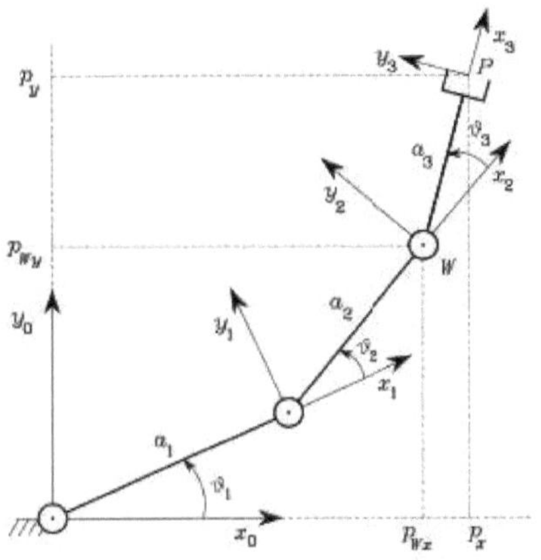

$$\boldsymbol{x} = \begin{bmatrix} p_x \\ p_y \\ \phi \end{bmatrix} = \boldsymbol{k}(\boldsymbol{q}) = \begin{bmatrix} a_1c_1 + a_2c_{12} + a_3c_{123} \\ a_1s_1 + a_2s_{12} + a_3s_{123} \\ \vartheta_1 + \vartheta_2 + \vartheta_3 \end{bmatrix}$$

Espaço de trabalho

- Espaço de trabalho acessível

p = p(q) $q_{im} \le q_i \le q_{iM}$ i = 1, . . . , n

elementos de superfície de tipo plano, esférico, toroidal e cilíndrico.

Espaço de trabalho com destreza em diferentes orientações

Exemplo

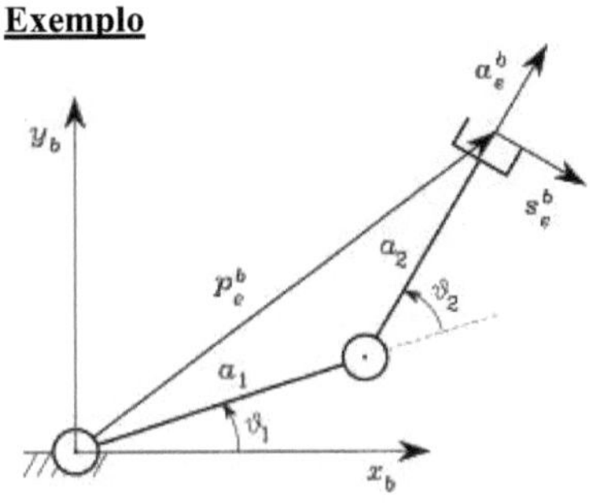

configurações admissíveis

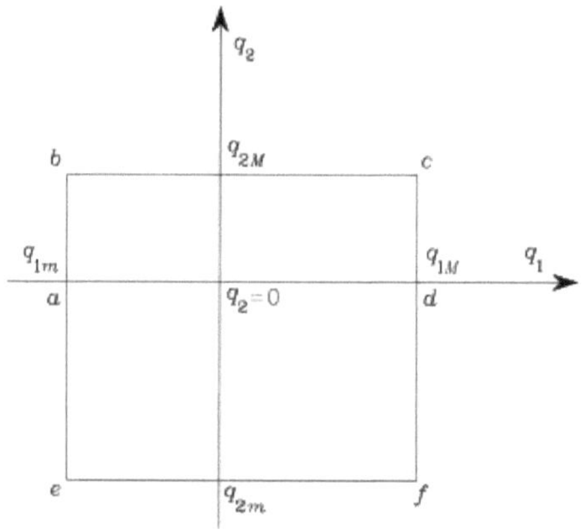

Espaço de trabalho

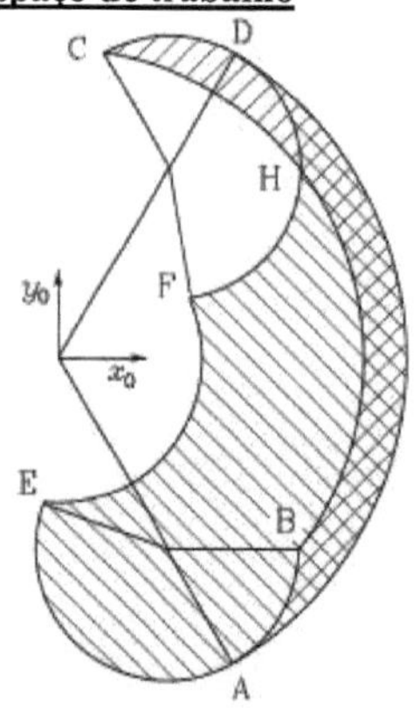

CALIBRAÇÃO CINEMÁTICA

- Estimativas exactas dos parâmetros DH para melhorar a precisão do manipulador. - Equação da cinemática direta em função de todos os parâmetros. x = k(a, α, d, υ)

x_m pose medida x_n pose nominal (parâmetros fixos + variáveis conjuntas)

$$\Delta \boldsymbol{x} = \frac{\partial \boldsymbol{k}}{\partial \boldsymbol{a}} \Delta \boldsymbol{a} + \frac{\partial \boldsymbol{k}}{\partial \boldsymbol{\alpha}} \Delta \boldsymbol{\alpha} + \frac{\partial \boldsymbol{k}}{\partial \boldsymbol{d}} \Delta \boldsymbol{d} + \frac{\partial \boldsymbol{k}}{\partial \boldsymbol{\vartheta}} \Delta \boldsymbol{\vartheta}$$

$$= \boldsymbol{\Phi}(\boldsymbol{\zeta}_n) \Delta \boldsymbol{\zeta}$$

l measurements (lm ≫ 4n)

$$\Delta \bar{\boldsymbol{x}} = \begin{bmatrix} \Delta \boldsymbol{x}_1 \\ \vdots \\ \Delta \boldsymbol{x}_l \end{bmatrix} = \begin{bmatrix} \boldsymbol{\Phi}_1 \\ \vdots \\ \boldsymbol{\Phi}_l \end{bmatrix} \Delta \boldsymbol{\zeta} = \bar{\boldsymbol{\Phi}} \Delta \boldsymbol{\zeta}$$

Solution

$$\Delta \boldsymbol{\zeta} = (\bar{\boldsymbol{\Phi}}^T \bar{\boldsymbol{\Phi}})^{-1} \bar{\boldsymbol{\Phi}}^T \Delta \bar{\boldsymbol{x}}$$

l medidas (lm ≫ 4n)
Solução

$$\zeta' = \zeta_n + \Delta\zeta$$

. . . até $\Delta\zeta$ convergir

estimativas mais exactas dos parâmetros fixos.

correcções nas medições dos transdutores.

PROBLEMA DE CINEMÁTICA INVERSA

- Cinemática direta

q =⇒ T q =⇒ x

- Cinemática inversa

T =⇒ q x =⇒ q

- Complexidade solução de forma fechada soluções múltiplas soluções infinitas soluções não admissíveis
- Intuição

Algébrico

Geométrico

- Técnicas numéricas

Solução de um braço plano de três elos

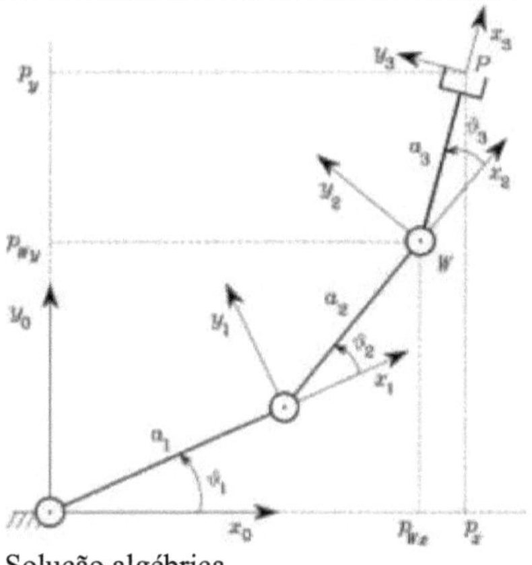

Solução algébrica

$$\phi = \vartheta_1 + \vartheta_2 + \vartheta_3$$

$$pw_x = p_x - a_3 c_\phi = a_1 c_1 + a_2 c_{12}$$

$$pw_y = p_y - a_3 s_\phi = a_1 s_1 + a_2 s_{12}$$

$$c_2 = \frac{p_{Wx}^2 + p_{Wy}^2 - a_1^2 - a_2^2}{2a_1a_2}$$

$$s_2 = \pm\sqrt{1 - c_2^2}$$

$$\vartheta_2 = \text{Atan2}(s_2, c_2)$$

$$s_1 = \frac{(a_1 + a_2c_2)p_{Wy} - a_2s_2p_{Wx}}{p_{Wx}^2 + p_{Wy}^2}$$

$$c_1 = \frac{(a_1 + a_2c_2)p_{Wx} + a_2s_2p_{Wy}}{p_{Wy}^2 + p_{Wy}^2}$$

$$\vartheta_1 = \text{Atan2}(s_1, c_1)$$

$$\vartheta_3 = \phi - \vartheta_1 - \vartheta_2$$

Solução geométrica

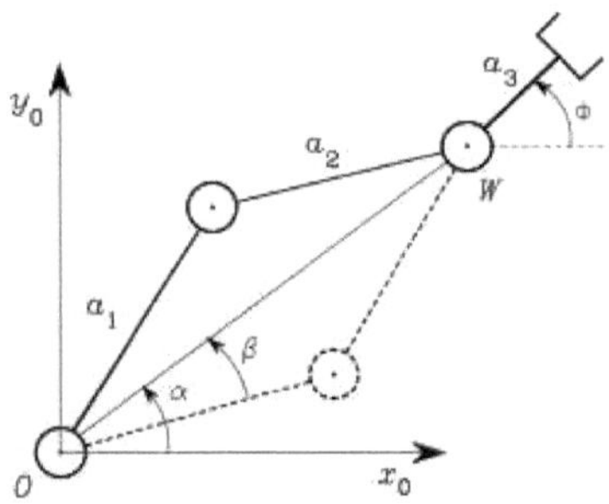

$$c_2 = \frac{p_{Wx}^2 + p_{Wy}^2 - a_1^2 - a_2^2}{2a_1a_2}.$$

$$\vartheta_2 = \cos^{-1}(c_2)$$

$$\alpha = \text{Atan2}(p_{Wy}, p_{Wx})$$

$$c_\beta\sqrt{p_{Wx}^2 + p_{Wy}^2} = a_1 + a_2c_2$$

$$\beta = \cos^{-1}\left(\frac{p_{Wx}^2 + p_{Wy}^2 + a_1^2 - a_2^2}{2a_1\sqrt{p_{Wx}^2 + p_{Wy}^2}}\right)$$

$$\vartheta_1 = \alpha \pm \beta$$

CAPÍTULO - IV

PLANEAMENTO DE TRAJECTÓRIAS

- geração de entradas de referência para o sistema de controlo de movimentos.

Caminho e trajetória

Trajectórias espaciais conjuntas

Trajectórias espaciais operacionais

CAMINHO E TRAJECTÓRIA

- geração de trajectórias adequadamente suaves
- Trajetória: local de pontos no espaço articular (espaço operacional) que o manipulador deve seguir na execução do movimento atribuído (descrição geométrica pura)
- Trajetória: trajetória na qual é especificada uma lei de temporização (por exemplo, velocidades e/ou acelerações)

Algoritmo de planeamento de trajectórias

- entradas

descrição da via restrições da via

restrições impostas pela dinâmica do manipulador

- resultados

trajectórias da articulação (efector final) em termos da sequência temporal dos valores atingidos pela posição, velocidade e aceleração

* Número reduzido de parâmetros

* caminho

pontos extremos

possíveis pontos intermédios primitivas geométricas

* lei da calendarização

tempo total

velocidade e/ou aceleração máximas

velocidade e/ou aceleração em determinados pontos

* Trajectórias espaciais operacionais

* descrição natural da tarefa

* restrições de trajetória

* singularidades

* redundância

* Trajectórias espaciais conjuntas

* cinemática inversa

* ação de controlo

TRAJECTÓRIAS ESPACIAIS CONJUNTAS

* Geração da função q(t) que interpola os vectores dados das variáveis conjuntas em cada ponto, em relação às restrições impostas

* as trajectórias geradas não devem ser muito exigentes do ponto de vista computacional

* as posições e velocidades (e acelerações) das articulações devem ser funções contínuas do tempo

* os efeitos indesejáveis devem ser minimizados (por exemplo, trajectórias não suaves)

- Movimento ponto a ponto

* Pontos inicial e final, e tempo de deslocação

- Movimento através de uma sequência de pontos
* Pontos inicial e final, pontos intermédios e tempos de deslocação

Movimento ponto a ponto

* geração de q(t) que descreve o movimento de qi para qf num tempo tf
* Polinómio cúbico

$$q(t) = a_3 t^3 + a_2 t^2 + a_1 t + a_0$$

$$\dot{q}(t) = 3a_3 t^2 + 2a_2 t + a_1$$

$$\ddot{q}(t) = 6a_3\, t + 2a_2$$

* cálculo dos coeficientes

$$a_0 = q_i$$

$$a_1 = \dot{q}_i$$

$$a_3 t_f^3 + a_2 t_f^2 + a_1 t_f + a_0 = q_f$$

$$3a_3 t_f^2 + 2a_2 t_f + a_1 = \dot{q}_f$$

- Polinómio quíntico (acelerações inicial e final)

$$q(t) = a_5 t^5 + a_4 t^4 + a_3 t^3 + a_2 t^2 + a_1 t + a_0$$

- Exemplo

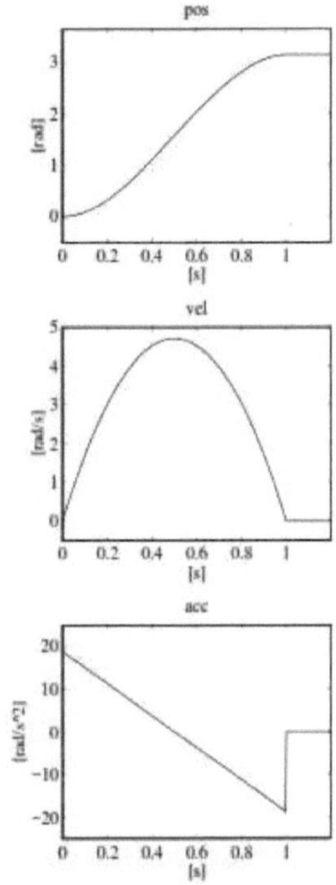

Perfil de velocidade trapezoidal

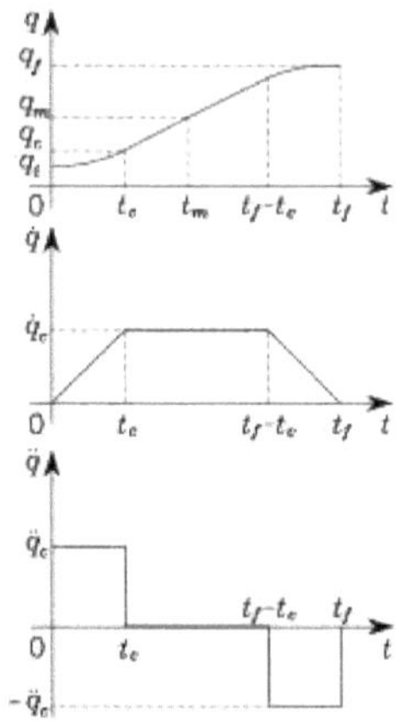

$$\ddot{q}_c t_c = \frac{q_m - q_c}{t_m - t_c}$$

$$q_c = q_i + \frac{1}{2}\ddot{q}_c t_c^2$$

$$\ddot{q}_c t_c^2 - \ddot{q}_c t_f t_c + q_f - q_i = 0$$

$\ddot{q}_c$ specified ($\operatorname{sgn} \ddot{q}_c = \operatorname{sgn}(q_f - q_i)$)

$$t_c = \frac{t_f}{2} - \frac{1}{2}\sqrt{\frac{t_f^2 \ddot{q}_c - 4(q_f - q_i)}{\ddot{q}_c}}$$

$$|\ddot{q}_c| \geq \frac{4|q_f - q_i|}{t_f^2}$$

⋆ trajectory

$$q(t) = \begin{cases} q_i + \frac{1}{2}\ddot{q}_c t^2 & 0 \leq t \leq t_c \\ q_i + \ddot{q}_c t_c (t - t_c/2) & t_c < t \leq t_f - t_c \\ q_f - \frac{1}{2}\ddot{q}_c (t_f - t)^2 & t_f - t_c < t \leq t_f \end{cases}$$

- Exemplo

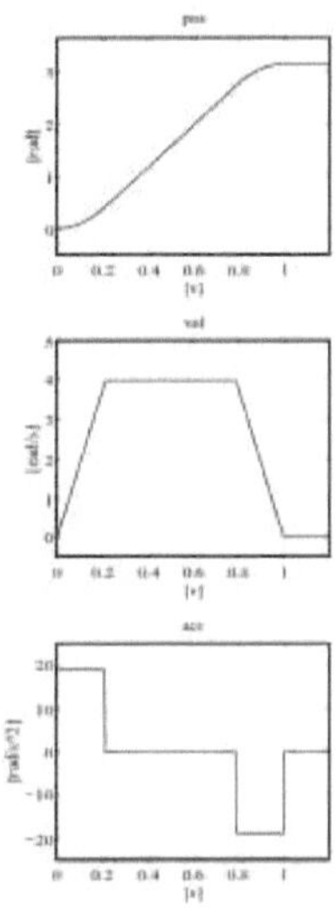

$\dot{q}_c$ specified

$$\frac{|q_f - q_i|}{t_f} < |\dot{q}_c| \leq \frac{2|q_f - q_i|}{t_f}$$

$$t_c = \frac{q_i - q_f + \dot{q}_c t_f}{\dot{q}_c}$$

$$\ddot{q}_c = \frac{\dot{q}_c^2}{q_i - q_f + \dot{q}_c t_f}$$

Movimento através de uma sequência de pontos

* possibilidade de atribuir pontos intermédios (sequência de pontos).
* Para N pontos da trajetória, encontrar uma função de interpolação através desses pontos

Polinómio de ordem N - 1

Não é possível atribuir velocidades iniciais e finais à medida que a ordem do polinómio aumenta, o seu comportamento oscilatório aumenta (trajectórias não naturais)

A precisão numérica para o cálculo dos coeficientes polinomiais diminui à medida que a ordem aumenta

o sistema de equações de restrição resultante é difícil de resolver os coeficientes polinomiais dependem de todos os pontos atribuídos

=⇒ se se pretender alterar um ponto, todos eles têm de ser recalculados

Sequência de polinómios de interpolação de ordem inferior (cúbicos) contínuos nos pontos da trajetória.

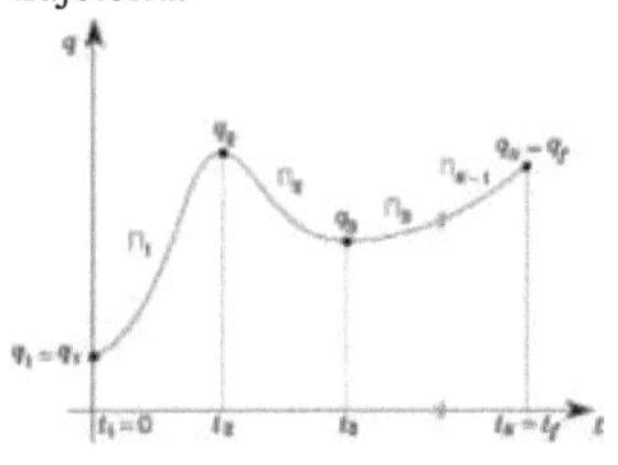

* são impostos valores arbitrários de q'(t) nos pontos da trajetória

* os valores de q'(t) nos pontos da trajetória são atribuídos de acordo com um determinado critério

* a aceleração q"(t) tem de ser contínua nos pontos da trajetória

* Polinómios de interpolação de ordem inferior a três que determinam trajectórias que passam por pontos próximos da trajetória em determinados instantes de tempo

* Interpolação de polinómios com velocidades impostas nos pontos da trajetória.

$$\Pi_k(t_k) = q_k$$
$$\Pi_k(t_{k+1}) = q_{k+1}$$
$$\dot{\Pi}_k(t_k) = \dot{q}_k$$
$$\dot{\Pi}_k(t_{k+1}) = \dot{q}_{k+1}$$

★ continuidade da velocidade nos pontos da trajetória

$$\dot{\Pi}_k(t_{k+1}) = \dot{\Pi}_{k+1}(t_{k+1})$$

- Exemplo

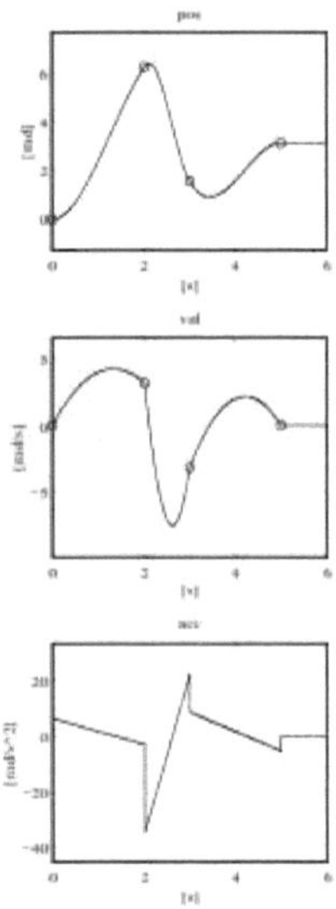

Interpolação de polinómios com velocidades calculadas em pontos da trajetória

$$\dot{q}_1 = 0$$
$$\dot{q}_k = \begin{cases} 0 & \text{sgn}\,(v_k) \neq \text{sgn}\,(v_{k+1}) \\ \frac{1}{2}(v_k + v_{k+1}) & \text{sgn}\,(v_k) = \text{sgn}\,(v_{k+1}) \end{cases}$$
$$\dot{q}_N = 0$$

$$v_k = (q_k - q_{k-1})/(t_k - t_{k-1})$$

- Exemplo

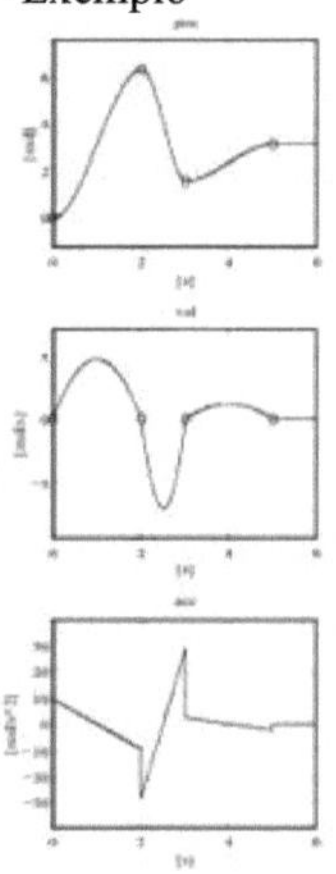

- Polinómios de interpolação com acelerações contínuas nos pontos da trajetória (splines)

$$\Pi_{k-1}(t_k) = q_k$$
$$\Pi_{k-1}(t_k) = \Pi_k(t_k)$$
$$\dot{\Pi}_{k-1}(t_k) = \dot{\Pi}_k(t_k)$$
$$\ddot{\Pi}_{k-1}(t_k) = \ddot{\Pi}_k(t_k)$$

⋆ 4N - 2 equações com 4(N - 1) coeficientes desconhecidos (polinómios de quarta ordem para o primeiro e último segmento?) ⋆ 2 pontos virtuais (continuidade na posição, velocidade e aceleração) ==⇒N + 1 polinómios cúbicos

4(N - 2) equações para os N - 2 pontos intermédios da trajetória:

$$\Pi_{k-1}(t_k) = q_k$$
$$\Pi_{k-1}(t_k) = \Pi_k(t_k)$$
$$\dot{\Pi}_{k-1}(t_k) = \dot{\Pi}_k(t_k)$$
$$\ddot{\Pi}_{k-1}(t_k) = \ddot{\Pi}_k(t_k)$$

6 equações para os pontos inicial e final

$$\Pi_1(t_1) = q_i$$
$$\dot{\Pi}_1(t_1) = \dot{q}_i$$
$$\ddot{\Pi}_1(t_1) = \ddot{q}_i$$

$$\Pi_{N+1}(t_{N+2}) = q_f$$
$$\dot{\Pi}_{N+1}(t_{N+2}) = \dot{q}_f$$
$$\ddot{\Pi}_{N+1}(t_{N+2}) = \ddot{q}_f$$

6 equações para os pontos virtuais

$$\Pi_1(t_1) = q_i$$
$$\dot{\Pi}_1(t_1) = \dot{q}_i$$
$$\ddot{\Pi}_1(t_1) = \ddot{q}_i$$

$$\Pi_{N+1}(t_{N+2}) = q_f$$
$$\dot{\Pi}_{N+1}(t_{N+2}) = \dot{q}_f$$
$$\ddot{\Pi}_{N+1}(t_{N+2}) = \ddot{q}_f$$

⋆ algoritmo computacionalmente eficiente

$$\ddot{\Pi}_k(t) = \frac{\ddot{\Pi}_k(t_k)}{\Delta t_k}(t_{k+1} - t) + \frac{\ddot{\Pi}_k(t_{k+1})}{\Delta t_k}(t - t_k)$$

$$\begin{aligned}\Pi_k(t) = & \frac{\ddot{\Pi}_k(t_k)}{6\Delta t_k}(t_{k+1} - t)^3 + \frac{\ddot{\Pi}_k(t_{k+1})}{6\Delta t_k}(t - t_k)^3 \\ & + \left(\frac{\Pi_k(t_{k+1})}{\Delta t_k} - \frac{\Delta t_k \ddot{\Pi}_k(t_{k+1})}{6}\right)(t - t_k) \\ & + \left(\frac{\Pi_k(t_k)}{\Delta t_k} - \frac{\Delta t_k \ddot{\Pi}_k(t_k)}{6}\right)(t_{k+1} - t)\end{aligned}$$

4 incógnitas
N variáveis qk para k = 2, N + 1 continuidade especificada em q2 e qN +l continuidade em qk para k = 3, . . . , N q'i e q'f especificadas
continuidade em q"k para k = 2, . . . , N + 1 q"i e q"f especificados

$$\dot{\Pi}_1(t_2) = \dot{\Pi}_2(t_2)$$

$$\vdots$$

$$\dot{\Pi}_N(t_{N+1}) = \dot{\Pi}_{N+1}(t_{N+1})$$

. Sistema de equações lineares

$$\boldsymbol{A}\,[\,\ddot{\Pi}_2(t_2) \quad \ldots \quad \ddot{\Pi}_{N+1}(t_{N+1})\,]^T = \boldsymbol{b}$$

$$\boldsymbol{A} = \begin{bmatrix} a_{11} & a_{12} & \ldots & 0 & 0 \\ a_{21} & a_{22} & \ldots & 0 & 0 \\ \vdots & \vdots & \ddots & \vdots & \vdots \\ 0 & 0 & \ldots & a_{N-1,N-1} & a_{N-1,N} \\ 0 & 0 & \ldots & a_{N,N-1} & a_{NN} \end{bmatrix}$$

Exemplo

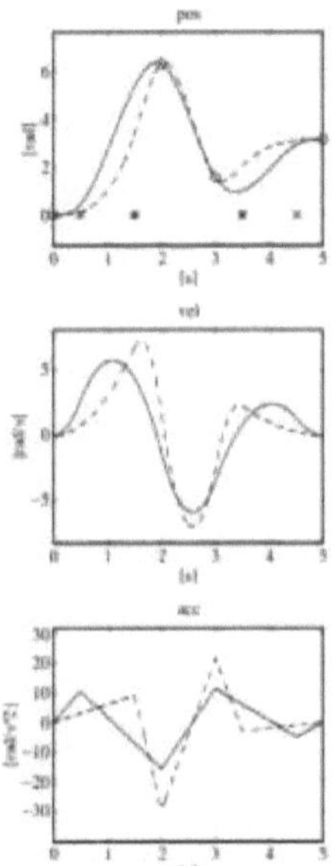

- Interpolação de polinómios lineares com misturas parabólicas

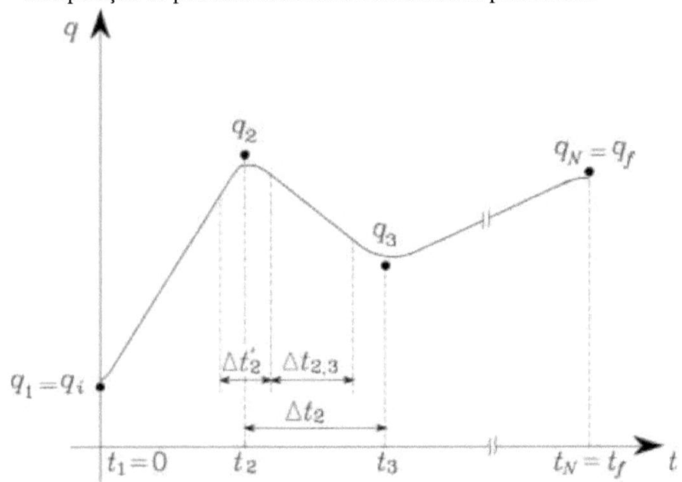

$$\dot{q}_{k-1,k} = \frac{q_k - q_{k-1}}{\Delta t_{k-1}}$$

$$\ddot{q}_k = \frac{\dot{q}_{k,k+1} - \dot{q}_{k-1,k}}{\Delta t'_k}$$

- Exemplo

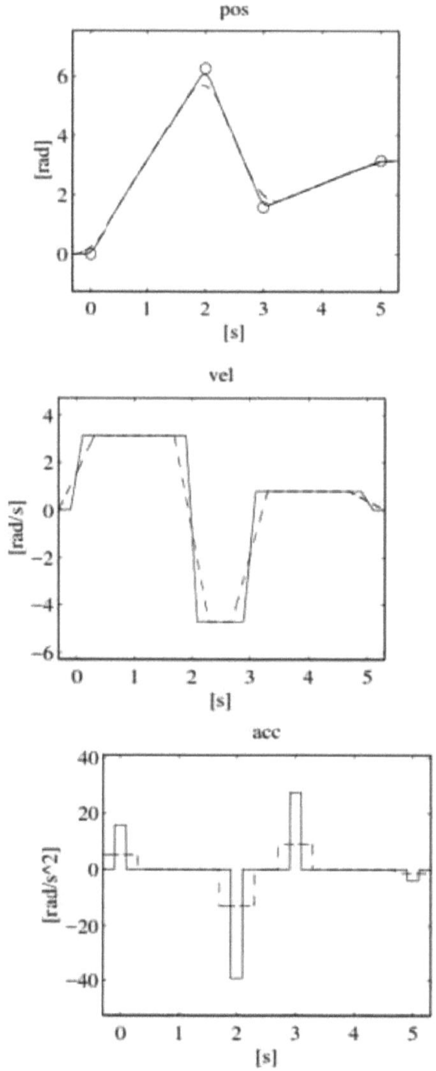

Aplicação da lei do perfil de velocidade trapezoidal ao problema de interpolação

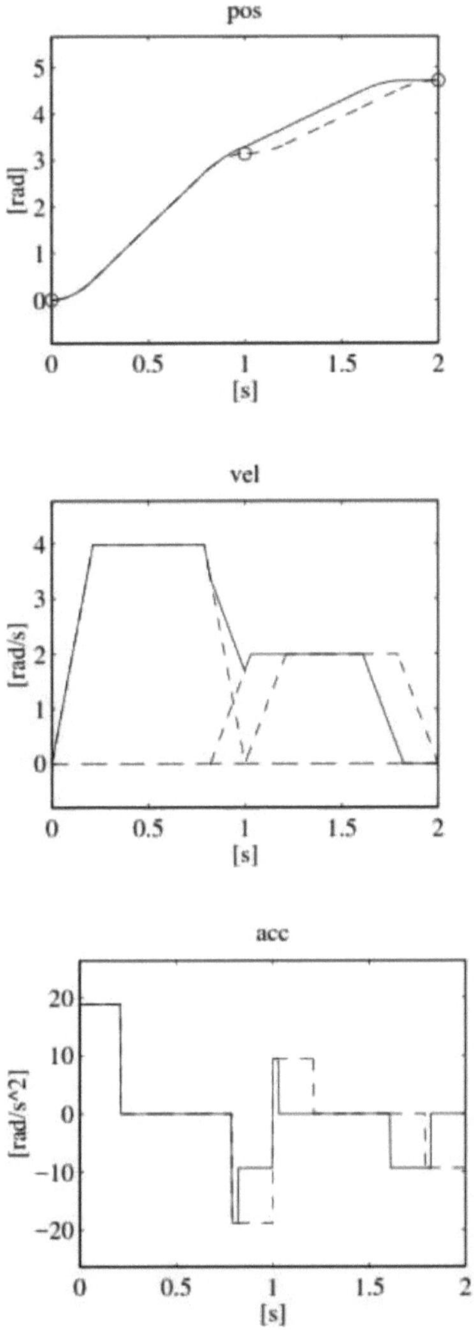
pos
[rad]
0
1
2
3
4
5
0
0.5
1
1.5
2
[s]
vel
[rad/s]
0
1
2
3
4
0
0.5
1
1.5
2
[s]
acc
[rad/s^2]
−20
−10
0
10
20
0
0.5
1
1.5
2
[s]

- Sequência de pontos de trajetória
* matemática inversa
* trajectórias espaciais conjuntas
* microinterpolação - pontos da trajetória x(tk)
* componentes xi(tk) interpolados com uma sequência de polinómios
- Primitivas de trajetória
- descrição analítica do movimento

Primitivas de trajetória

- Descrição paramétrica da trajetória no espaço p = f (s)

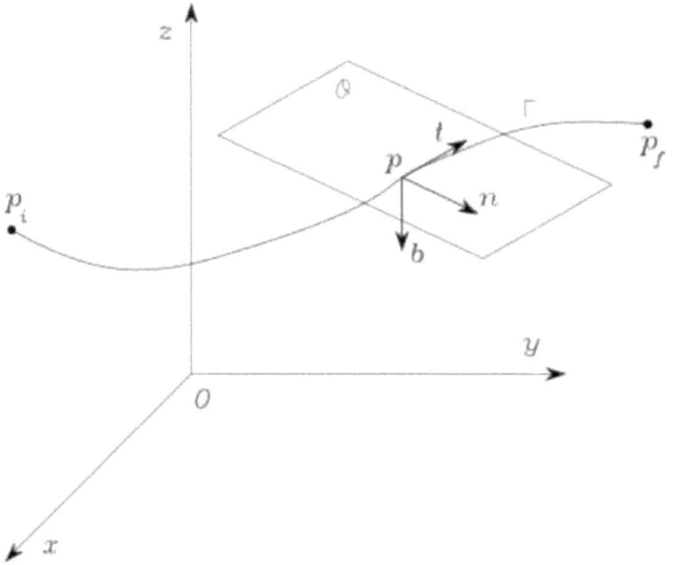

$$\boldsymbol{t} = \frac{d\boldsymbol{p}}{ds}$$

$$\boldsymbol{n} = \frac{1}{\left\| \frac{d^2\boldsymbol{p}}{ds^2} \right\|} \frac{d^2\boldsymbol{p}}{ds^2}$$

$$\boldsymbol{b} = \boldsymbol{t} \times \boldsymbol{n}$$

Trajetória rectilínea

$$\boldsymbol{p}(s) = \boldsymbol{p}_i + \frac{s}{\|\boldsymbol{p}_f - \boldsymbol{p}_i\|}(\boldsymbol{p}_f - \boldsymbol{p}_i)$$

$$\frac{d\boldsymbol{p}}{ds} = \frac{1}{\|\boldsymbol{p}_f - \boldsymbol{p}_i\|}(\boldsymbol{p}_f - \boldsymbol{p}_i)$$

$$\frac{d^2\boldsymbol{p}}{ds^2} = \boldsymbol{0}$$

Caminho circular

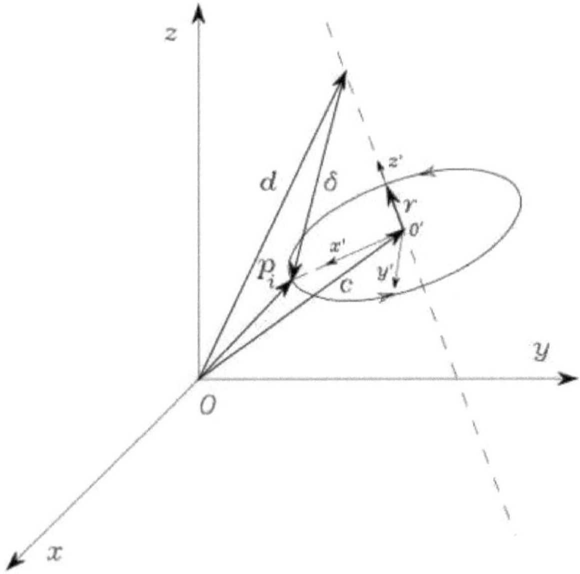

$$\boldsymbol{p}'(s) = \begin{bmatrix} \rho\cos(s/\rho) \\ \rho\sin(s/\rho) \\ 0 \end{bmatrix}$$

$$\boldsymbol{p}(s) = \boldsymbol{c} + \boldsymbol{R}\boldsymbol{p}'(s)$$

$$\frac{d\boldsymbol{p}}{ds} = \boldsymbol{R}\begin{bmatrix} -\sin(s/\rho) \\ \cos(s/\rho) \\ 0 \end{bmatrix}$$

$$\frac{d^2\boldsymbol{p}}{ds^2} = \boldsymbol{R}\begin{bmatrix} -\cos(s/\rho)/\rho \\ -\sin(s/\rho)/\rho \\ 0 \end{bmatrix}$$

Trajectórias de posição e orientação

- Posição p =f (s) s(t) polinómio de interpolação

$$\dot{\boldsymbol{p}} = \dot{s}\frac{d\boldsymbol{p}}{ds} = \dot{s}\boldsymbol{t}$$

Segmento

$$\boldsymbol{p}(s) = \boldsymbol{p}_i + \frac{s}{\|\boldsymbol{p}_f - \boldsymbol{p}_i\|}(\boldsymbol{p}_f - \boldsymbol{p}_i)$$

$$\dot{\boldsymbol{p}} = \frac{\dot{s}}{\|\boldsymbol{p}_f - \boldsymbol{p}_i\|}(\boldsymbol{p}_f - \boldsymbol{p}_i) = \dot{s}\boldsymbol{t}$$

$$\ddot{\boldsymbol{p}} = \frac{\ddot{s}}{\|\boldsymbol{p}_f - \boldsymbol{p}_i\|}(\boldsymbol{p}_f - \boldsymbol{p}_i) = \ddot{s}\boldsymbol{t}$$

círculo

$$\boldsymbol{p}(s) = \boldsymbol{c} + \boldsymbol{R}\begin{bmatrix} \rho\cos(s/\rho) \\ \rho\sin(s/\rho) \\ 0 \end{bmatrix}$$

$$\dot{\boldsymbol{p}} = \boldsymbol{R}\begin{bmatrix} -\dot{s}\sin(s/\rho) \\ \dot{s}\cos(s/\rho) \\ 0 \end{bmatrix}$$

$$\ddot{\boldsymbol{p}} = \boldsymbol{R}\begin{bmatrix} -\dot{s}^2\cos(s/\rho)/\rho - \ddot{s}\sin(s/\rho) \\ -\dot{s}^2\sin(s/\rho)/\rho + \ddot{s}\cos(s/\rho) \\ 0 \end{bmatrix}$$

interpolação das componentes de n(t), s(t), a(t) ?
* interpolação de P(t)

$$\boldsymbol{\phi}(s) = \boldsymbol{\phi}_i + \frac{s}{\|\boldsymbol{\phi}_f - \boldsymbol{\phi}_i\|}(\boldsymbol{\phi}_f - \boldsymbol{\phi}_i)$$

$$\dot{\boldsymbol{\phi}} = \frac{\dot{s}}{\|\boldsymbol{\phi}_f - \boldsymbol{\phi}_i\|}(\boldsymbol{\phi}_f - \boldsymbol{\phi}_i)$$

$$\ddot{\boldsymbol{\phi}} = \frac{\ddot{s}}{\|\boldsymbol{\phi}_f - \boldsymbol{\phi}_i\|}(\boldsymbol{\phi}_f - \boldsymbol{\phi}_i)$$

ângulo e eixo (Rf = Ri Ri)

$$\boldsymbol{R}_f^i = \boldsymbol{R}_i^T \boldsymbol{R}_f = \begin{bmatrix} r_{11} & r_{12} & r_{13} \\ r_{21} & r_{22} & r_{23} \\ r_{31} & r_{32} & r_{33} \end{bmatrix}$$

$$\vartheta_f = \cos^{-1}\left(\frac{r_{11} + r_{22} + r_{33} - 1}{2}\right)$$

$$\boldsymbol{r} = \frac{1}{2\sin\vartheta_f}\begin{bmatrix} r_{32} - r_{23} \\ r_{13} - r_{31} \\ r_{21} - r_{12} \end{bmatrix}$$

$$\boldsymbol{R}^i(t)\colon \quad \boldsymbol{R}^i(0) = \boldsymbol{I} \quad \boldsymbol{R}^i(t_f) = \boldsymbol{R}^i_f$$

$$\boldsymbol{R}(t) = \boldsymbol{R}_i \boldsymbol{R}^i_r(\vartheta(t))$$

$$\vartheta(0) = 0 \quad \vartheta(t_f) = \vartheta_f$$

CAPÍTULO - V

APLICAÇÃO DE ROBOTS NO FABRICO

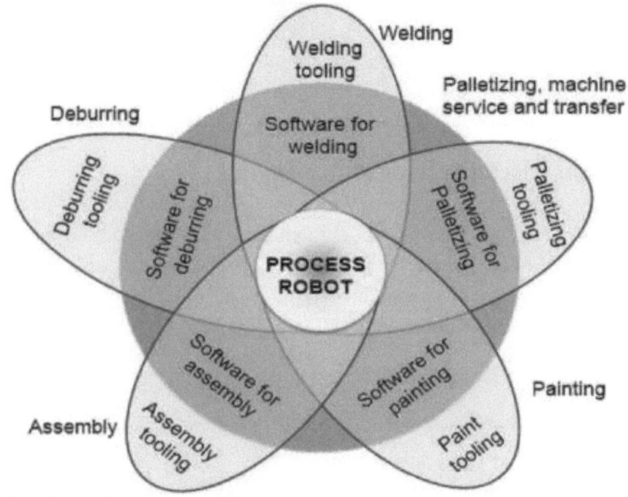

Fig. Aplicações dos robôs na indústria e no fabrico

A figura mostra um diagrama que apresenta uma panorâmica das aplicações dos robôs na indústria transformadora. As características gerais das situações de trabalho industrial que tendem a promover a substituição do trabalho humano por robots.

Quadro Características das situações em que os robots podem substituir os seres humanos

Situação	Descrição
Ambiente de trabalho perigoso para os seres humanos	Em situações em que o ambiente de trabalho é inseguro, insalubre, desconfortável ou desagradável para os seres humanos, pode ser considerada a aplicação de robôs.
Ciclo de trabalho repetitivo	Se a sequência de elementos no ciclo de trabalho for a mesma e os elementos consistirem em movimentos relativamente simples, os robots realizam normalmente o trabalho com maior consistência e repetibilidade do que os humanos.
Manuseamento difícil para os seres humanos	Se a tarefa requerer a utilização de equipamentos pesados ou difíceis de utilizar manipular peças ou ferramentas para os seres humanos, os robots podem ser capazes de realizar a operação de forma mais eficiente.
Funcionamento em vários turnos	Um robô pode substituir dois ou três trabalhadores de cada vez no segundo ou terceiro turnos, o que permite um retorno financeiro mais rápido.

Mudanças pouco frequentes	A utilização de robôs justifica-se para longas séries de produção em que as mudanças são pouco frequentes, por oposição à produção em lotes ou em oficinas, em que as mudanças são
A posição e a orientação da peça são estabelecidas na célula de trabalho	Os robôs geralmente não têm capacidades de visão, o que significa que as peças têm de ser colocadas e orientadas com precisão para

Aplicações de manuseamento de materiais

Os robôs são utilizados principalmente em três tipos de aplicações: manuseamento de materiais; operações de processamento; e montagem e inspeção. No manuseamento de materiais, os robôs deslocam peças entre vários locais através de uma garra do tipo "end effector". A atividade de movimentação de materiais pode ser subdividida em transferência de materiais e carga e/ou descarga de máquinas.

Aplicação	**Descrição**
Transferência de material	• O principal objetivo é recolher peças num local e colocá-las num novo local. A reorientação da peça pode ser efectuada durante a transferência. A aplicação mais básica é um procedimento de "pick-and-place", por um robot de baixa tecnologia (frequentemente pneumático), utilizando apenas 4 articulações. • Mais complexa é a paletização, em que os robôs retiram objectos de um local e depositam-nos numa palete numa área específica da palete, pelo que o local de depósito é ligeiramente diferente para cada objeto transferido. O robô deve ser capaz de calcular a localização correcta do depósito através de um método de avanço motorizado ou por análise dimensional. • Outras aplicações da transferência de materiais incluem operações de despaletização, empilhamento e inserção.
Carga e/ou descarga de máquinas	• O objetivo principal é transferir peças para dentro ou para fora de uma máquina de produção. • Há três classes a considerar: o carregamento da máquina - quando o robô carrega a máquina o descarregamento da máquina - quando o robot descarrega a máquina o carregamento e descarregamento de máquinas - em que o robô executa ambas as

	acções • Utilizado em fundição sob pressão, moldagem de plásticos, operações de maquinagem de metais, forjamento, prensagem...
	operações de trabalho e de tratamento térmico.

Operações de processamento

Nas operações de processamento, o robô executa algumas actividades de processamento, tais como moagem, fresagem, etc., na peça de trabalho. O operador final está equipado com a ferramenta especializada necessária para o respetivo processo. A ferramenta é deslocada em relação à superfície da peça de trabalho. O quadro apresenta exemplos de várias operações de processamento que utilizam robots.

Quadro: Operações de processos robotizados

Processo	**Descrição**
Soldadura por pontos	Processo de união de metais em que duas peças de chapa metálica são fundidas em pontos de contacto localizados através da utilização de dois eléctrodos que comprimem o metal e aplicam uma corrente eléctrica. Os eléctrodos constituem a pistola de soldadura por pontos, que é a ferramenta final do robô de soldadura.
Soldadura por arco	Processo de união de metais que utiliza um processo de soldadura contínua em vez de um processo de ponto de soldadura por contacto, da mesma forma que acima. Mais uma vez, o dispositivo de ação final são os eléctrodos utilizados para obter o arco de soldadura. O robô deve utilizar um controlo contínuo da trajetória, sendo frequentemente utilizado um robô de braço articulado composto por seis articulações.
Revestimento por pulverização	O revestimento por pulverização dirige uma pistola de pulverização para o objeto a revestir. A tinta ou outro fluido flui através do bocal da pistola de pulverização, que é o efector final e é disperso e aplicado sobre a superfície do objeto. Mais uma vez, o robô tem de utilizar o controlo contínuo da trajetória e, normalmente, é programado utilizando a passagem manual. Os robôs de braços articulados parecem ser a anatomia mais comum para esta aplicação.
Outras aplicações	Outras aplicações incluem: perfuração,

	fresagem e outros processos de maquinagem; retificação, escovagem e operações semelhantes; corte por jato de água; e corte por laser.

Conceção e controlo de células de trabalho

Disposição da célula de trabalho do robô

- Célula de trabalho centrada no robô
- Célula de trabalho robotizada em linha
- Célula de trabalho móvel

Célula de trabalho centrada no robô

- Centro da célula de trabalho
- Elevada utilização do robot
- Método de entrega da peça de trabalho (por exemplo: transportador, alimentadores de peças, paletes)
- Instalação para um único robô que presta assistência a 1@mais máquinas de produção

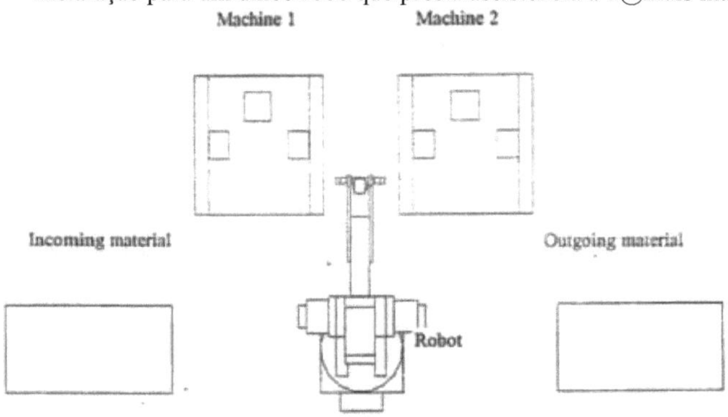

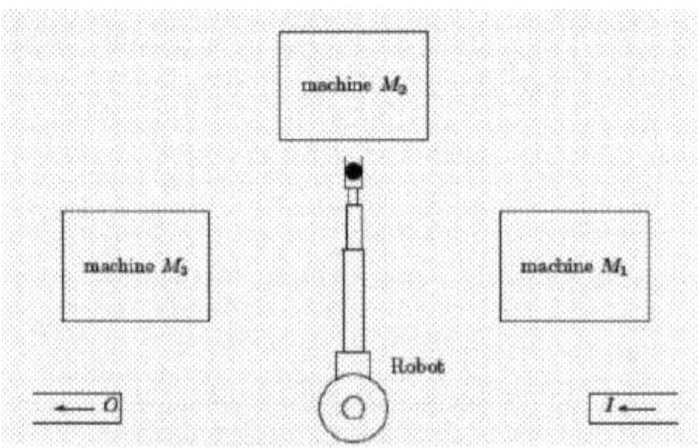

Célula de trabalho robotizada em linha

- 1 @ mais robots localizados ao longo do transportador em linha

- O trabalho é organizado de modo a que cada robô efectue uma operação de montagem em cada peça (por exemplo, linha de soldadura)

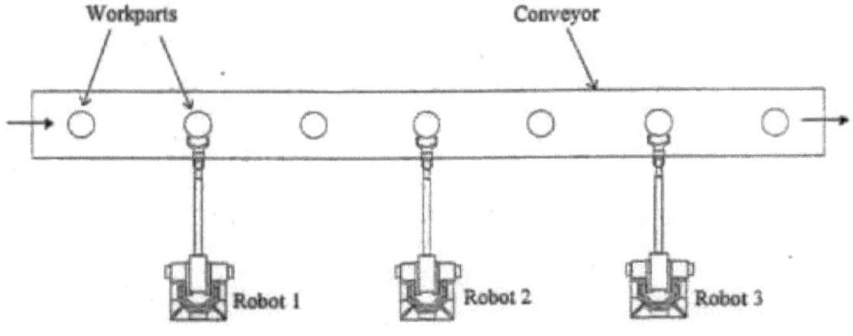

Existem 3 tipos de sistemas de transporte de peças de trabalho utilizados em células de trabalho robotizadas em linha.

1 . Transferência intermitente
2 Transferência contínua
3 Transferência não-síncrona

Transferência intermitente

As peças são movidas num movimento de arranque e paragem de uma estação para outra ao longo da linha. É também designada por transferência síncrona, uma vez que todas as peças são movidas simultaneamente para a paragem seguinte.

A vantagem deste sistema é que as peças são registadas numa localização e orientação fixas em relação ao robô durante o ciclo de trabalho do robô.

Transferência contínua

As peças de trabalho são deslocadas continuamente ao longo da linha a uma velocidade constante. O(s) robot(s) tem(têm) de executar as tarefas à medida que as peças se deslocam.

A posição e a orientação das peças em relação a qualquer local fixo ao longo da linha estão continuamente a mudar.

Isto resulta num problema de "seguimento", ou seja, o robot tem de manter a posição relativa e a orientação da sua ferramenta em relação à peça de trabalho.

Este problema de localização pode ser resolvido.

pelo sistema de seguimento da linha de base móvel, movendo o robot paralelamente ao transportador à mesma velocidade, ou pelo sistema de seguimento da linha de base estacionária, ou seja, calculando e ajustando a ferramenta do robot para manter a posição e a orientação em relação à peça móvel.

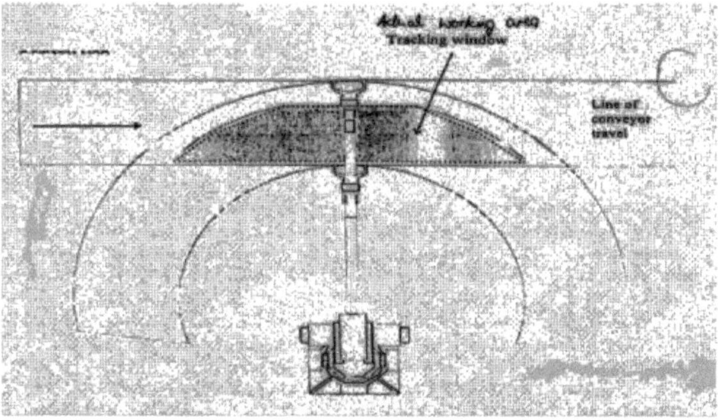

O segundo sistema de localização implica problemas de engenharia consideráveis:

- em primeiro lugar, o robô deve ter capacidades computacionais e de controlo suficientes
- em segundo lugar, a janela de seguimento do robot deve ser adequada
- em terceiro lugar, o sistema de sensores para identificar as diferentes partes que entram na janela de seguimento e

também para seguir a peça em movimento em relação à ferramenta do robot

Sistema de transferência não-síncrono

Trata-se de um sistema de potência e de liberdade". Cada peça de trabalho desloca-se independentemente das outras peças, de forma intermitente.

Quando uma estação de trabalho termina de trabalhar numa peça, essa peça segue para a estação de trabalho seguinte. Assim, algumas peças estão a ser processadas na linha ao mesmo tempo que outras estão a ser transportadas ou localizadas entre estações. Aqui, o tempo varia de acordo com os requisitos de tempo de ciclo de cada estação.

A conceção e o funcionamento deste tipo de sistema de transferência são mais complicados do que os outros dois, uma vez que cada peça deve ser fornecida com o seu próprio carrinho móvel operado de forma independente.

No entanto, o problema da conceção e controlo do sistema de robôs utilizado no método power-and- free é menos complicado do que no método de transferência contínua.

Sistema de transferência não-síncrono

Para as chegadas irregulares, é necessário prever sensores que indiquem ao robot quando deve iniciar o seu ciclo de trabalho.

O problema mais complexo do registo da peça em relação ao robot, que tem de ser resolvido nos sistemas de transporte em movimento contínuo, não é encontrado nem na transferência intermitente nem na transferência não-síncrona.

Célula de trabalho móvel

Nesta disposição, o robot dispõe de um meio de transporte, como uma base móvel, dentro da célula de trabalho para executar várias tarefas em diferentes locais.

O mecanismo de transporte pode ser constituído por calhas montadas no chão ou por um sistema de corrimão suspenso que permite que o robô se desloque ao longo de percursos lineares.

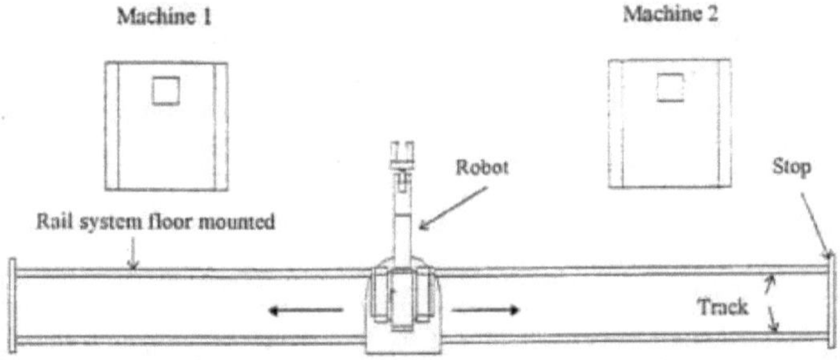

As células de trabalho de robôs móveis são adequadas para instalações em que o robô tem de servir mais do que uma estação (máquina de produção) com ciclos de processamento longos e as estações não podem ser dispostas em torno do robô numa disposição de célula centrada no robô.

Uma dessas razões pode dever-se ao facto de as estações estarem geograficamente separadas por distâncias superiores ao alcance do robô. O tipo de disposição permite tarefas de partilha de tempo que reduzem o tempo de inatividade do robô. Um dos problemas na conceção desta célula de trabalho consiste em encontrar o número ideal de estações ou máquinas para o robô servir.

Mecanismo de transporte: montado no chão @ sistema de gradeamento suspenso Serviço para mais de uma estação

Problema: encontrar o número ótimo de estações para servir

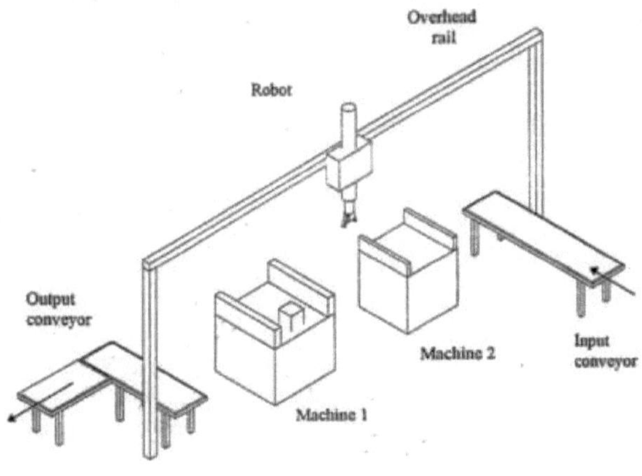

Algumas modificações na conceção da célula de trabalho

Modificação de outros equipamentos da célula

Posição e orientação da peça

Problema de identificação da peça

Proteger o robô do seu ambiente

Utilidades

Controlo da célula de trabalho
Segurança
1. Modificações noutros equipamentos da célula de trabalho
• É necessário efetuar modificações para ligar os robôs aos equipamentos da célula. Devem ser concebidos dispositivos especiais de fixação e de controlo para o funcionamento integrado.
• Por exemplo, os ninhos de suporte de trabalho. paragens do transportador para posicionar e orientar as peças para os robots.
• É necessário efetuar alterações nas máquinas para permitir a utilização de robôs e de interruptores de fim de curso e outros dispositivos de interface entre componentes
ii Posição e orientação da peça
Quando as peças estão a ser entregues na célula de trabalho, devem ser estabelecidas localizações precisas de recolha ao longo dos transportadores.
As peças devem estar numa posição e orientação conhecidas para que o robot possa agarrá-las com precisão. À medida que as peças vão sendo processadas, a orientação não se deve perder.
Deve ser concebida uma forma de alcançar os objectivos acima referidos. No caso de sistemas de alimentação automatizados, deve ser prevista a conceção da forma como as peças são apresentadas à célula de trabalho.
iii. Problema de identificação da peça
Se houver mais do que um tipo de peças, será necessário identificar várias peças por meios automatizados, tais como técnicas ópticas, técnicas magnéticas ou interruptores de limite que detectem diferentes tamanhos ou geometrias.
A etiquetagem eletrónica também pode ser utilizada com paletes, de modo a que as peças sejam identificadas pela informação contida no cartão de informação.
iv. Proteção do robô contra o seu ambiente
Em aplicações como pintura por pulverização, condições de trabalho com metal quente, aplicações abrasivas, aplicações de vedantes adesivos, o robô tem de ser protegido de possíveis ambientes adversos. (por exemplo, utilização de mangas, pinças compridas).
v. Utilidades
As necessidades de eletricidade, ar e pressões hidráulicas, gás para fornos têm de ser consideradas e previstas.
vi. Controlo da célula de trabalho
As actividades do robot devem ser coordenadas com as dos outros equipamentos da célula de trabalho.
vii. Segurança
Devem ser previstas medidas de proteção das pessoas, tais como cercas, barreiras, sistemas de interrupção de segurança com sensores dentro e em redor da célula de trabalho.
Este facto deve ser tido em conta logo nas fases iniciais da conceção da célula de trabalho.
Controlo da célula de trabalho
Controlo de sequência
Interface do operador
Controlo de segurança
Controlo de sequência
O controlo de sequência inclui:
Regular a sequência das actividades
Controlo de actividades simultâneas

Tomar a decisão de prosseguir/parar/atrasar o trabalho com base em acontecimentos

Numa célula de trabalho, a sequência de actividades é a seguinte:

1. O robô recolhe a peça de trabalho em bruto do transportador num local de recolha conhecido (máquina inativa)
2. O robot carrega a peça no dispositivo de fixação no centro de maquinação (máquina parada).
3. O centro de maquinação inicia o ciclo de maquinação automática (robô parado).
4. A máquina termina a maquinagem automática. O robô descarrega a máquina e coloca a peça na palete da máquina (máquina inativa).
5. O robô regressa ao ponto de recolha (máquina inativa)

Aqui, quase todas as actividades ocorrem sequencialmente. Por conseguinte, o controlador deve garantir que as actividades ocorrem na sequência correcta e que cada passo é concluído antes de se iniciar o seguinte.

Repare-se que o tempo de inatividade da máquina / inatividade do robô é significativo. Se instalarmos uma pinça dupla, a produtividade pode ser melhorada.

A sequência de actividades modificada (com a pinça dupla montada):

1. O robô recolhe a peça de trabalho em bruto utilizando a primeira pinça do transportador num local de recolha conhecido. O robot coloca a sua pinça dupla na posição de prontidão em frente ao centro de maquinação (ciclo da máquina em curso).
2. No final do ciclo da máquina, o robot descarrega a peça acabada da fixação da máquina com uma segunda pinça e carrega a peça em bruto na fixação com a primeira pinça (máquina inativa).
3. O centro de maquinação inicia o ciclo de maquinação automática. O robot move a peça acabada para a palete e coloca-a no local programado na palete.
4. O robô regressa ao ponto de recolha (ciclo da máquina em curso).

- Na sequência modificada, várias actividades ocorrem simultaneamente, mas são iniciadas sequencialmente.

Controlo de sequência

Por conseguinte, o controlador deve assegurar que os vários ciclos de controlo comecem nos momentos necessários. a

O controlador deve comunicar com os diferentes equipamentos (centro de maquinagem, transportadores e robot).

Os sinais têm de ser enviados pelo controlador e outros sinais têm de ser recebidos dos componentes. Estes sinais são designados por encravamentos.

Interface do operador

Operador para interagir com a célula de trabalho do robot.

A interface do operador é necessária para:

Programar o robô, modificar e atualizar os programas

Permitir que o operador humano participe no ciclo de trabalho

Efetuar a introdução de dados por um operador humano

Realizar actividades de paragem de emergência

Monitorização da segurança

A paragem de emergência requer a presença de um operador alerta para perceber a emergência e tomar medidas para interromper o ciclo (no entanto, as emergências de segurança nem sempre ocorrem em alturas convenientes, quando o operador está presente).

Por conseguinte, é imperativo um meio mais automático e fiável de proteger o equipamento

celular e as pessoas que possam entrar na zona de trabalho. Trata-se da monitorização da segurança.
A monitorização da segurança (ou monitorização do perigo) é uma função de controlo da célula de trabalho em que são utilizados sensores para monitorizar o estado e as actividades da célula, a fim de detetar as condições inseguras ou potencialmente inseguras.
Existem vários tipos de sensores que podem ser utilizados para esse fim, por exemplo, interruptores de fim de curso para detetar se os movimentos ocorreram corretamente, sensores de temperatura, tapetes sensíveis à pressão, feixes de luz combinados com sensores fotossensíveis e visão artificial.
A monitorização da segurança está programada para responder a várias condições de perigo de diferentes formas:
Paragem total das actividades celulares.
Reduzir a velocidade do robot para um nível seguro quando está presente um humano.
Buzinas de aviso para alertar o pessoal de manutenção para um risco de segurança.
Sub-rotinas especialmente programadas para permitir que o robô recupere de um determinado evento inseguro (a isto chama-se deteção e recuperação de erros).
Encravamento
Os encravamentos permitem impedir que a sequência do ciclo de trabalho prossiga se não forem satisfeitas determinadas condições ou um conjunto de condições.
Esta é uma caraterística muito importante do controlo de células de trabalho, que regula a sequência das actividades que estão a ser executadas. Os encravamentos são essenciais para a coordenação e sincronização de actividades que não poderiam ser realizadas apenas através da cronometragem.
Os encravamentos permitem variações nos tempos de execução de determinados elementos dos ciclos de trabalho. No caso exemplificado na secção 4, os encravamentos seriam utilizados para os seguintes fins
Para garantir que uma peça em bruto estava no local de recolha, antes de o robô a tentar agarrar.
Para determinar quando o ciclo de maquinagem está concluído antes de o robot tentar carregar a peça na fixação.
Para indicar que a peça foi carregada com sucesso para que o ciclo de maquinação automática possa começar.
Encravamentos de entrada.
Os encravamentos de entrada utilizam sinais enviados pelos componentes da célula para o controlador.
Indicam que determinadas condições foram cumpridas e que a sequência de trabalho programada pode continuar. Por exemplo, um interrutor de limite no dispositivo de trabalho pode enviar um sinal para indicar que a peça foi corretamente carregada.
Encravamentos de saída.
Utiliza os sinais enviados pelo controlador para outros dispositivos ou máquinas na célula de trabalho.
No nosso exemplo, é utilizado um sinal de saída para sinalizar o centro de maquinação para iniciar o ciclo automático. O sinal depende do cumprimento de determinadas condições, como por exemplo, que a peça de trabalho tenha sido corretamente carregada e que a pinça do robot tenha sido movida para uma distância segura. Estas condições são normalmente determinadas por meio de encravamentos de entrada.

No nosso exemplo, é utilizado um sinal de saída para sinalizar o centro de maquinação para iniciar o ciclo automático. O sinal depende do cumprimento de determinadas condições, como por exemplo, que a peça de trabalho tenha sido corretamente carregada e que a pinça do robot tenha sido movida para uma distância segura. Estas condições são normalmente determinadas por meio de encravamentos de entrada.

Na conceção da célula de trabalho, é necessário ter em conta não só a sequência regular de eventos durante o funcionamento normal, mas também as possíveis irregularidades e avarias que possam ocorrer. No ciclo regular, devem ser identificadas as várias actividades sequenciais e simultâneas, bem como as condições que devem ser satisfeitas.

Para as potenciais avarias, o engenheiro de aplicações deve determinar um método para identificar a ocorrência da avaria e a ação a tomar para responder a essa avaria. - Em seguida, para os eventos regulares e irregulares do ciclo, devem ser previstos encravamentos para realizar o controlo de sequência necessário e a monitorização dos perigos que devem ocorrer durante o ciclo de trabalho.

Em alguns casos, os sinais de encravamento podem ser gerados pelos controladores electrónicos das máquinas. Por exemplo, as máquinas NC podem ser ligadas ao controlador da célula de trabalho para assinalar a conclusão do ciclo de maquinagem automática.

Noutros casos, o engenheiro de aplicações deve conceber os encravamentos utilizando sensores para gerar os sinais necessários.

MIX
Papier aus verantwortungsvollen Quellen
Paper from responsible sources
FSC® C105338

Printed by Books on Demand GmbH, Norderstedt / Germany